COMO ENFRENTAR A INDISCIPLINA NA ESCOLA

A Editora não é responsável pelo conteúdo da obra, com o qual não necessariamente concorda. A Autora conhece os fatos narrados, pelos quais é responsável, assim como se responsabiliza pelos juízos emitidos.

Silvia Parrat-Dayan

COMO ENFRENTAR A INDISCIPLINA NA ESCOLA

CONTEXTO • EDUCAÇÃO

Tradução
Silvia Beatriz Adoue
Augusto Juncal

Copyright © 2008 Silvia Parrat-Dayan

Todos os direitos desta edição reservados à
Editora Contexto (Editora Pinsky Ltda.)

Capa
Gustavo S. Vilas Boas

Diagramação
Gapp Design

Preparação de textos
Victor Del Franco

Revisão
Liliana Gageiro Cruz

Dados Internacionais de Catalogação na Publicação (CIP)
(Câmara Brasileira do Livro, SP, Brasil)

Parrat-Dayan, Silvia
Silvia Parrat-Dayan. Trad. Silvia Beatriz Adoue e Augusto
Juncal. – Como enfrentar a indisciplina na escola / Silvia Parrat-
Dayan. – 2. ed., 4ª Reimpressão. – São Paulo : Contexto, 2024.

Bibliografia.
ISBN 978-85-7244-393-7

1. Disciplina escolar 2. Educação – Finalidades e objetivos
3. Pesquisa educacional I. Título.

08-01363   CDD-371.58

Índice para catálogo sistemático:
1. Indisciplina escolar : Educação 371.58

2024

EDITORA CONTEXTO
Diretor editorial: *Jaime Pinsky*

Rua Dr. José Elias, 520 – Alto da Lapa
05083-030 – São Paulo – SP
PABX: (11) 3832 5838
contato@editoracontexto.com.br
www.editoracontexto.com.br

Sumário

Introdução 7

Como definir a indisciplina? 17

    Por que e como surgem os problemas de indisciplina? 21

    Violência e indisciplina 24

    Voltemos à indisciplina 26

As regras morais e o conceito de indisciplina 31

    A cooperação 39

    O desenvolvimento moral da criança 40

    E na escola? 47

Causas da indisciplina 55

    Violência, indisciplina, televisão e linguagem 60

    Causas da indisciplina, escola e prática docente 63

    Onde procurar a causa da indisciplina? 65

Os remédios contra a indisciplina: prevenir e curar 69

    Grupos: autoritário, democrático e *laissez faire* 70

    Escola, democracia, cidadania 72

    O professor e o funcionamento democrático 74

A escola, a indisciplina e a psicologia 75

A indisciplina pelo olhar dos professores 78

Estabelecer limites não traumatiza e pode ajudar 79

Como prevenir a indisciplina? 80

Tipos de intervenções em caso de crise 84

Regras, direitos e obrigações 86

A discussão, uma ferramenta imprescindível 88

O conflito e sua resolução 91

A investigação e a indisciplina 97

O professor hoje 103

Escola e sociedade 104

As transformações sociais e as tarefas do professor 107

Evolução da concepção do professor na literatura pedagógica 109

A concepção do aluno dentro da Escola Nova 110

A profissionalização do educador 110

O profissional e a relação teoria/prática 114

Um modelo particular de professor 115

A teoria de Piaget e a tomada de consciência 117

Como analisar as práticas 123

A gestão da turma e a disciplina 124

Conclusão: por uma escola democrática 127

Referências bibliográficas 141

A autora 143

Introdução

Os problemas de indisciplina manifestam-se com freqüência na escola, sendo um dos maiores obstáculos pedagógicos do nosso tempo. A maioria dos docentes não sabe como interpretar nem como enfrentar um ato de indisciplina. Deve compreendê-lo? Reprimi-lo? Ignorá-lo? Transformá-lo?

E mais: como saber onde termina a indisciplina e onde começa a violência? Quais os limites da convivência social?

Yves de la Taille diz com razão que, se no começo do século passado era intrigante saber por que as crianças obedeciam, hoje seria mais adequado perguntar por que as crianças desobedecem.

Na escola há barulho. Escutamos o ruído de réguas, de cadernos e de lápis que caem, há vozes incessantes, alunos que se mexem nas suas carteiras, que vão de um lado para outro, que se xingam, brigam. Tem o aluno que dá o nome de um outro para fazer troça do professor, aquele que discute em voz alta, aquele que mastiga coisas, aquele que grita, aquele que fica em pé, aquele que gesticula. Não há limites. Indisciplina. Na escola, durante a aula, aumentam a incivilidade e a agressividade. Indisciplina. Há também os alunos difíceis, que contestam os trabalhos do professor, rejeitando-os por completo, e que não demonstram qualquer interesse pelo curso. Indisciplina. Para o docente, essa situação provoca desestabilidade e, às vezes, humilhação. Ela supõe uma espécie de indiferença em relação ao professor e isso é fonte de angústia para ele. Os alunos mostram-se desrespeitosos. A indisciplina é uma infração ao regulamento interno, é uma falta de civilidade e um ataque às boas maneiras. Mas, acima de tudo, a indisciplina é a manifestação de um conflito e ninguém está protegido de situações desse tipo. Essas dificuldades aparecem em todos os níveis de escolaridade.

Por que há indisciplina e violência na escola? De maneira geral, podemos dizer que o que hoje se exige como disciplina escolar não é a mesma coisa que tradicionalmente se pedia nos colégios. Por exemplo: ninguém pode exigir o silêncio total na sala de aula durante mais de cinco minutos. Segundo Prairat, não existe um nível de exigência pré-definido, e sim a exigência de construí-lo conjuntamente.

Em muitas situações, as regras precisam de redefinições para renegociar os limites do exigível, tanto em matéria de trabalho quanto de disciplina, o que é uma novidade no ambiente escolar. De maneira mais precisa, a natureza dos fenômenos de indisciplina mudaram. No barulho tradicional, a transgressão faz parte da interiorização da regra; no atual, a desordem é difusa e pouco ritualizada. A regra, no fundo, nem é conhecida. Prairat fala em *barulho anômico,* ou seja, os alunos são incapazes de se escutarem por causa das conversas cruzadas. As vozes dos alunos circulam em diferentes direções e a voz do professor integra este circuito de linhas cruzadas. Mas, ou o professor encontra alguma forma de deter o ruído, ou a aula vira uma desordem total!

Que seria de uma orquestra em que cada músico tocasse como bem entendesse? Se ela não tivesse qualquer disciplina? É difícil imaginar uma escola sem disciplina.

A disciplina consiste num dispositivo e num conjunto de regras de conduta destinadas a garantir diferentes atividades num lugar de ensino. A disciplina não é um conceito negativo; ela permite, autoriza, facilita, possibilita. A disciplina permite entrar na cultura da responsabilidade e compreender que as nossas ações têm conseqüências. Quem olha para a disciplina como algo negativo não entende o que é. Ser disciplinado não é obedecer cegamente; é colocar a si próprio regras de conduta em função de valores e objetivos que se quer alcançar. As características da disciplina e da indisciplina estão no capítulo "Como definir a indisciplina?".

Hoje, fala-se muito em atos de indisciplina e, mais, ela é exposta e multiplicada graças a todos os meios de comunicação. Aponta-se o aluno que comete um ato indisciplinado. Mas por que temos alunos indisciplinados? As causas da indisciplina são múltiplas, como veremos no capítulo "As regras morais e o conceito de indisciplina", e, muitas vezes, elas estão mais nos contextos que a produzem do que no indivíduo. Mas, como a indisciplina gera indisciplina, da mesma maneira que a violência gera violência, a indisciplina na escola pode expressar, na realidade, alguma coisa para além do desejo de perturbar ou de ser indisciplinado. Às vezes, ela representa a dificuldade do aluno para ser reconhecido; outras, é a expressão dos maus-tratos que recebe ou dos problemas familiares. Também pode ser expressão da crise econômica, das dívidas, do desemprego, dos pequenos espaços que, por desgraça, muitos têm por moradia. A violência que se produz dentro da escola é reflexo do que acontece na sociedade. Seja a violência social, como resultado do desemprego, do aumento da corrupção, da impunidade e da insegurança crescente; seja a violência familiar, que se manifesta no abandono, na separação, nos maus-tratos verbais e/ou físicos, na falta de espaço e, portanto, falta de intimidade; seja a violência midiática, que aparece nos seriados, filmes, novelas, *games* e notícias. Levemos em conta que os conceitos de violência e de indisciplina não têm o mesmo significado, mas é possível que da indisciplina se passe à violência. Em todo caso, a criança que faz barulho, provoca desordem ou, inclusive, comete atos de vandalismo poderia querermostrar que existe.

Argumenta-se que foi a insistência na necessidade de respeitar os direitos das crianças na escola e em casa que provocou desordem e indisciplina. O problema não é o respeito que se deve à criança, e sim o medo que os adultos têm de estabelecer limites e regras, porque a autoridade é confundida com autoritarismo. A reclamação dos pais, dos professores e dos adultos em geral que assinalam que as crianças não têm limites é real. Os pais não os impõem, a escola não os ensina, a sociedade não os exige.

Sabemos que todo professor deve estar capacitado para atender, acompanhar e ajudar os alunos para que eles transitem pelas diferentes etapas das suas vidas. Para isso, precisam estabelecer os limites necessários, que permitam aos alunos canalizar todo o potencial que possuem em direção à construção de um projeto baseado na dignidade humana. Sabemos também que a tarefa de educar já começa na família e estabelecer limites cedo não é mau. Recordemos que o famoso dr. Spock havia escrito um livro de conselhos para pais no qual recomendava que se deixasse a criança fazer o que bem entendesse e, dez anos depois, o mesmo autor reviu suas posições e escreveu sobre a necessidade de estabelecer limites nas condutas infantis.

Na escola, que não é neutra, há regras contra a indisciplina. Se a escola melhorasse as possibilidades de reflexão, diálogo e participação, ajudaria a integrar os alunos, reforçando o sentimento de pertencerem ao grupo e à instituição.

Dar lugar à palavra como forma de laço social permitiria abrir um espaço de expressão. Falaremos dos *remédios* contra a indisciplina no capítulo "Os remédios contra a indisciplina: prevenir e curar".

O problema da indisciplina na escola não é apenas um problema social, ele também questiona o professor. Como é possível que a classe se desorganize tanto? Por que não se respeita mais o professor? Como se fazer respeitar? Como manter a autoridade sem cair no autoritarismo? Como atenuar a indisciplina? Por que se vive em situação de conflito permanente? Como resolver o conflito?

O mal-estar na escola, o mal-estar na cultura, como diz Freud, é geral. Muitos são os professores que dizem: "Desse jeito não posso dar aula!" ou "Desde que os alunos me escutem..." ou ainda "Em educação, quando acaba o recreio?" E, na desorientação em que se encontram, perguntam-se: "E agora, o que devo fazer?".

Como resolver esses problemas que questionam cada vez mais a identidade do professor? Como pôr ordem no caos?

O papel do professor merece um capítulo especial: "O professor hoje".

A indisciplina é um problema mundial. Nos países mais pobres, as nuances amplificam-se. Além disso, cada professor tem uma visão diferente do que seja a disciplina. Para alguns, um caderno descuidado já é uma manifestação de indisciplina; para outros, apenas o silêncio total na sala de aula é sinal de disciplina. Uma professora menciona entre os problemas de disciplina a falta de pontualidade, os bocejos, o telefone celular que toca durante a aula e uma certa atitude prepotente em relação ao professor, que é tratado como se fosse mais um colega.

Deixando de lado a concepção particular de cada professor, da qual falaremos no capítulo "Os remédios contra a indisciplina: prevenir e curar", a questão é que os docentes, em geral, se sentem pressionados e maltratados. O professor sente-se agredido pelos pais que reclamam, sente-se julgado pelos colegas e pelas autoridades da instituição, é testado pelos alunos e confrontado com um discurso negativo vindo de todas as fontes de informação. Ele não apenas tem que enfrentar os pais, os alunos, a pobreza e a falta de educação quando existentes, como também é permanentemente desqualificado. Desqualificado pelos pais que reclamam quando ele dá nota baixa ou chama a atenção de um aluno, pelo diretor que pede para modificar a nota que atribuiu, e pela sociedade em geral. Como as crianças não vão se aproveitar dessa situação para conseguir o que querem?

Por outro lado, o professor sente que seu papel tradicional não dá conta da realidade atual, já que deve lutar contra dificuldades que nada têm a ver com aquilo para o que ele foi formado: a transmissão de conhecimentos e o ensino de conteúdos. Ele sente que tem de assumir responsabilidades que não correspondem ao que deveria ser o seu papel.

Diante de tanta dificuldade, deveríamos dizer que ensinar, no momento atual, seria uma missão impossível, como parece apontar o título de um debate realizado na Universidade de Genebra: *Como pensar a educação quando tudo mudou?*

É verdade que a tendência social é a de pedir à escola tudo e mais um pouco, e a de colocar o professor no centro de conselhos paradoxais. Por um lado existe a vontade de querer que os alunos tenham sucesso utilizando a competição entre eles; por outro, se desenvolvem objetivos educacionais que pretendem diminuir as disfunções da sociedade de consumo, como cursos de dietética para lutar contra a progressão de casos de obesidade. Ora, isso nada tem a ver com o tradicional aprendizado escolar. O risco desta tendência social é o de transformar a escola e seus professores nos responsáveis por tudo que vai mal.

Melhor e mais realista seria pensar a escola como o lugar da crítica social, o lugar onde se aprende a viver e a tomar distância da realidade para entender o que se passa. Por exemplo, em vez de se resignar à influência cotidiana da transmissão da violência através da televisão, os professores poderiam ensinar aos alunos, na escola, a linguagem desse meio de comunicação. Combater as desigualdades, a exclusão e todo tipo de dificuldade na comunicação é, por si só, todo um programa de ensino.

Por que não adquirir, na escola, condutas que permitam resolver os conflitos? A escola, que é um lugar de confronto, onde as crianças vão aprender e crescer, deveria prepará-las para quando elas tiverem que enfrentar os problemas da vida. Discorro sobre a importância do conflito no capítulo "Os remédios contra a indisciplina: prevenir e curar".

Como não se questionar sobre o papel do professor? O que se espera dele? O professor tem que fazer o papel de mediador entre as crianças para que elas aprendam a conviver entre seus pares. Mas, além disso, ele depara-se até com a necessidade de ensinar as normas de conduta básicas, que deveriam vir da família. Nos textos teóricos exige-se do professor funções múltiplas, uma vez que, além do ensino, deve ocupar-se também da organização escolar, das relações com a comunidade, preocupar-se com os problemas afetivos dos alunos etc. Não se fala, hoje, da necessidade de o professor adquirir uma nova identidade? Não se fala na formação integral do professor? Retomaremos detalhadamente esse tema no capítulo "O professor hoje".

Na realidade, o professor está sozinho e, com freqüência, é ele quem resolve durante a aula, sem intervenção de alguém que o ajude a confrontar o seu olhar com outros aspectos mais abrangentes da tarefa educativa, os diferentes problemas que se apresentam.

O ponto fraco – aquilo que o professor não conseguiu realizar – é o que a sociedade melhor percebe no seu trabalho. Ninguém valoriza nem respeita seus esforços. Pede-se para ele dar aula num ambiente onde a sanção desapareceu, onde os alunos têm que ser aprovados e onde já não mais se sabe o que é uma regra. Um professor argentino disse sentir um enorme peso sobre suas costas porque deve dar conta de tudo. A cada dia, no começo da aula, deve lutar com o mínimo indispensável, as crianças não trazem lápis nem caderno e esperam que o professor faça tudo. Ele tem de emprestar o material, apontar o lápis etc., para evitar os problemas de indisciplina. Essa situação gera mal-estar e cria tensões que causam indisciplina. Os alunos são bagunceiros e alguns desrespeitam o adulto. Então, o professor dá sua aula como pode e o grupo de alunos atentos é cada vez menor e, ainda assim, ele não poderá ter muitos alunos reprovados.

O professor recebe constantemente uma mensagem ambígua: exige-se dele que se ocupe da educação formativa e, ao mesmo tempo, exige-se dele que não seja muito rigoroso. Hoje, o professor exigente não é bem visto, nem na hora de ensinar nem na hora de avaliar.

Por outro lado, pede-se ao professor um constante esforço de adaptação: educandos, novos conteúdos, linguagens pedagógicas, tecnologias, funções, responsabilidades, sem dar sequer tempo para sua preparação, reciclagem e reflexão. E isso tudo sem ser respeitado pelos alunos, pelos pais, pelas autoridades e pela sociedade em geral.

Escuta-se freqüentemente relatos de docentes, sobretudo em países da América Latina, nos quais o diretor lhes sugeriu a aprovação de alunos que não tinham alcançado os conhecimentos mínimos, ou então, a aprovação do aluno que passa por um período de crise, como se a crise pudesse se resolver pela *progressão continuada*.

Muitos docentes não acreditam mais na educação como meio para a formação cidadã, para a integração social e para o respeito pela diversidade. Outros continuam lutando. O trabalho docente é uma das tarefas mais difíceis de se realizar, uma vez que implica a formação de cidadãos que pensem com amplidão de critérios e saibam fazer uma leitura inteligente das dificuldades do momento histórico em que vivem. Isto supõe poder analisar as dificuldades, imaginar estratégias de superação e viver num mundo melhor. Como pensar que é nas mãos do aluno de hoje, do qual a escola nada exige, que está o destino de todos? Se não adquire conhecimentos, quem vai construir a sociedade futura? Os professores perderam sua autoridade, e os pais e os poderes institucionais, ao não respeitarem os critérios do professor para avaliar os alunos, favorecem ainda mais essa perda.

As crianças nem chegam a ter referências e, portanto, não sabem onde procurá-las. Se o docente não é respeitado pelos pais do aluno, como vai chegar a ser uma figura reconhecida e com autoridade?

Há alguns anos, quando um aluno trazia uma nota ruim, os pais o questionavam, queriam saber o que ocorrera, saber se não havia estudado e por quê, saber o que não tinha entendido. Hoje, as coisas se apresentam de uma outra maneira. Não é a criança o objeto do questionamento mas sim o professor. Ele não ensinou direito e, portanto, é um professor ruim, e alguns pais, como aconteceu na Argentina em 2006, agridem diretamente o docente por ter dado uma nota baixa! Não há mais perguntas para saber o que se passou. Julgam-se as condutas fora de contexto, sem saber o que elas significam.

O professor, sem respaldo para exercer sua profissão, fica na defensiva perante o aluno. E, confrontado com atos de indisciplina e, às vezes, de violência, não sabe o que fazer porque não pode prever as conseqüências da sua própria conduta. Isso o leva a trabalhar com medo. Como trabalhar com medo? A profissão do professor, tão discutida na literatura atual, como veremos no capítulo "O professor hoje", pode transformar-se numa atividade de alto risco? Que contradição!

Há alguns anos fala-se que estabelecer regras é atentar contra os direitos humanos e que seria o equivalente a reprimir. Toda forma de regulação do trabalho em sala de aula é interpretada como exercício de autoridade. Veremos no capítulo "As regras morais e o conceito de indisciplina" que essa é uma interpretação errada do que a Escola Nova propôs já nos anos 1920.

Se não houver regra, nem sanção, nem qualquer corretivo, os alunos se sentem poderosos e ao mesmo tempo perdidos, sem limites. Tudo vira bagunça, indisciplina. Por onde começar para restabelecer a ordem?

Oferecer aos alunos a possibilidade de participar no estabelecimento de normas que sejam poucas e claras, oferecer a possibilidade de explicitar o que devem e o que não devem fazer e os procedimentos rápidos e eficazes para corrigir seu não-cumprimento seria uma alternativa para estabelecer a disciplina. É evidente que as regras devem ser reelaboradas constantemente. Outra alternativa é introduzir a figura do mediador, que pode ser desempenhada por um ou dois alunos escolhidos por seus companheiros ou por um adulto: professor, pai ou mãe. Falaremos das regras e da mediação escolar no capítulo "As regras morais e o conceito de indisciplina".

Resumindo: o tema da indisciplina é complexo porque ela tem múltiplas causas, uma vez que articula várias dimensões. Além disso, assume formas diferentes em nossa sociedade atual, formas que não existiam em outras sociedades e em outros tempos. No começo do século xx, por exemplo, pensava-se que a indisciplina consistia em se posicionar contra as normas: uma desobediência insolente. Hoje, ela caracteriza-se por um desconhecimento das regras, o que leva a uma desorganização das relações. Em outras palavras: se antes o professor tinha alunos que não estavam de acordo com ele; hoje, tem alunos surdos. Na realidade, sempre houve brincadeiras, rebeldia juvenil e tendência a não querer trabalhar, mas, enquanto antes o professor estava respaldado, hoje é cada vez mais confrontado com condutas de pais e/ou figuras poderosas, como diretor de escola, que o desautorizam. O professor encontra-se à beira de um ataque de nervos, como diria o cineasta espanhol Pedro Almodóvar.

Da parte do professor, parece haver medo de pôr limites, de estabelecer regras claras e simples que possam ser cumpridas, assim, ser considerado autoritário. Dessa maneira, se antes os alunos podiam ser reféns dos professores, hoje acontece o inverso: docentes viraram reféns dos alunos, perdendo assim a autonomia e o respeito que merecem. Numa conferência pronunciada em Medelin, na Colômbia, em 2005, Juan Delval utilizou a expressão *tirania dos alunos* para falar nesse fenômeno.

Desafiar a autoridade é inerente ao desenvolvimento do ser humano, mas conhecer os limites da própria liberdade de ação também é. Se quisermos alunos capazes de pensar e atuar com critério próprio, com capacidade para tomar decisões livres e adequadas, é necessário reforçar a sua capacidade de autocontrole e auto-regulação. Na prática educativa deveria se potencializar a responsabilidade, a auto-estima e o esforço.

Porém, o desafio com que nos confrontamos agora é um novo autoritarismo exercido pelo grupo de alunos perante um indivíduo, o professor, e que pode levar a situações difíceis para um convívio adequado. São situações freqüentes dentro da sala de aula, que preocupam, com razão, os professores, uma vez que a conduta desafiadora dos alunos e a indisciplina em geral os afetam e podem chegar a situações violentas.

Quantas vezes não escutamos dos professores jovens, evocando suas primeiras horas de ensino, que eles esperavam que os alunos ficassem atentos às suas palavras! Mas o que perceberam foi o barulho ou os barulhos da sala de aula: ruídos imprevistos da queda de uma régua ou de um lápis, barulho de fundo de conversas entre alunos etc. É que os alunos reais são também muito diferentes daqueles imaginados pelo professor recém-chegado!

A turbulência, a agitação, a indisciplina dos alunos e a falta de autoridade do professor são problemas que aparecem antes de todos os outros para os não experientes. Porém, os mais experientes têm também esses problemas de indisciplina.

Perante uma turma turbulenta, a primeira idéia que ocorre ao professor é a da sanção escolar. Poderíamos nos perguntar se ela não seria artificial e se, no lugar de produzir o efeito desejado, quer dizer, o interesse pelo que está sendo ensinado, não provocaria exatamente o efeito contrário. O professor não teria que procurar melhor as razões do ruído provocado pelas condutas de indisciplina? Saber por que os alunos não querem trabalhar? Não teria que modificar sua atitude perante o trabalho escolar, fazendo com que o aluno seja mais responsável pelo próprio aprendizado? Qual seria, então, o remédio? A autonomia seria um fator de disciplina? Quando se trabalha com um método de castigos, o aluno só aprende para fugir deles e não por interesse pela matéria.

A indisciplina é um problema sério, ela não tem forma e segue diferentes caminhos: falar, jogar papeizinhos, não estudar, não escutar etc. O problema do professor é dar forma àquilo que não tem, direcionar a disciplina para alguma coisa que faça sentido, para algum objetivo, um projeto. Dessa forma, a indisciplina poderá se transformar em disciplina intelectual e moral.

Por onde começar, então? Talvez por fazer funcionar as regras que já existem e não se aplicam e, a partir daí, imaginar um outro funcionamento na sala de aula, como veremos no capítulo "As regras morais e o conceito de indisciplina". Mas tentemos, antes disso, definir a indisciplina e diferenciá-la da violência.

Como definir a indisciplina?

Que deve fazer um professor na sala de aula? Ensinar ou manter a disciplina?

É estranho que, em pleno século xxi, a ex-ministra e candidata derrotada à Presidência da França em 2007, Segolène Royal, afirme a necessidade de separar essas duas funções, atribuindo-as a pessoas diferentes. Para ela, o restabelecimento da ordem na escola passa pela presença de um *segundo adulto* nas aulas que apresentam problemas de disciplina.

Essa posição é impossível de se sustentar porque a disciplina é um problema do professor e não de alguém que aparece com uma função de controle. A disciplina faz parte da vida na escola.

Mas como definir a disciplina e a indisciplina? Que dizem os professores? Três pesquisadores, Petinarakis, Gentili e Sénore, interrogaram, em 1997, um grupo de professores, dos quais 90% afirmaram que a indisciplina é um problema real, tanto dentro da sala de aula como na escola. Para muitos deles, a disciplina é instrumental, é uma técnica de gestão de grupos e não deve ser prescritiva nem descritiva. Alguns defendem que a disciplina é um instrumento de iniciação ao senso moral e representa um meio de educar o aluno; para os demais, ela é uma maneira de reconhecer *o outro*. Esse último ponto refere-se à necessidade de trabalhar com a heterogeneidade dos alunos. As respostas dos professores mostram claramente que são eles que devem ajudar os alunos a interiorizar progressivamente as regras para adquirir o sentido da responsabilidade.

Para eles, a disciplina não é sinônimo de poder, e sim um instrumento para o sucesso do aluno. Além do mais, a disciplina apresenta-se como uma maneira de ser e de se comportar que permite ao aluno alcançar seu desenvolvimento pleno, tomando consciência da existência do outro, e que ajuda, ao mesmo tempo, a respeitar as regras como um requisito útil para a ação. Para esses professores, um aluno indisciplinado é aquele que é provocador (80%), aquele que rejeita as regras (60%), aquele que pode ser insolente ou bagunceiro (70%) ou, ainda, aquele que realiza atos de vandalismo, estragando, por exemplo, o material (50%).

Todos os professores pensam que podem, num dado momento, gerar indisciplina ao cometer injustiças em relação aos alunos, como, por exemplo, demonstrar a preferência por algum deles, estabelecer regras contraditórias, fazer exigências impossíveis de cumprir, não saber ou não conseguir se comunicar.

A associação de indisciplina com agressividade e violência faz com que o problema fique fora do alcance da própria ação pedagógica do professor. Porém, problemas de ordem pedagógica têm uma forte influência na emergência de fenômenos de indisciplina, e analisá-los pode ser de especial ajuda para o professor.

Se as situações de indisciplina escolar têm relação com uma perspectiva pedagógica, isso não significa que outras perspectivas não intervenham.

Quais são as concepções das práticas disciplinares? Como situá-las no contexto cultural e sócio-educativo?

Em geral, o conceito de indisciplina é definido em relação ao conceito de disciplina, que na linguagem corrente significa regra de conduta comum a uma coletividade para manter a boa ordem e, por extensão, a obediência à regra. Evoca-se também a sanção e o castigo que se impõem quando não se obedece à regra. Assim, o conceito de disciplina está relacionado com a existência de regras; e o de indisciplina, com a desobediência a essas regras.

No século XIX, a escola implicava disciplina e castigo, ou seja, o ensino exigia disciplina e a disciplina exigia castigo. Quem era disciplinado era submisso e obediente, quem era indisciplinado era rebelde e desobediente.

Durante o século xix e ainda no século xx o professor era a figura autoritária por excelência. Ele falava, ensinava, impunha suas regras sem qualquer discussão e transmitia o conhecimento. Os alunos não podiam falar nem perguntar, e deviam permanecer num silêncio absoluto dentro e fora da aula. A indisciplina não era freqüente, mas existia.

Porém, se sempre houve problemas de indisciplina, porque ela se transformou numa das maiores dificuldades atuais para a educação?

Como toda criação cultural, o conceito de indisciplina não é estático, nem uniforme, nem universal. A indisciplina relaciona-se com um conjunto de valores e expectativas que variam ao longo da história, entre culturas diferentes, nas diferentes classes sociais. No plano individual, a palavra disciplina pode ter significados diferentes, e se, para um professor, indisciplina é não ter o caderno organizado; para outro, uma turma será caracterizada como indisciplinada se não fizer silêncio absoluto e, já para um terceiro, a indisciplina até poderá ser vista de maneira positiva, considerada sinal de criatividade e de construção de conhecimentos.

Por que, então, hoje falamos em indisciplina como se fosse um problema fundamental da educação? É que as condutas indisciplinadas se generalizaram, as crianças já não obedecem mais, a idéia de limites desapareceu, a sociedade se transformou, as crianças também mudaram e já não sabemos o que é preciso fazer.

Poderíamos dizer que a indisciplina é provocada por problemas psicológicos, ou familiares, ou da estruturação escolar, ou das circunstâncias sócio-históricas, ou, então, que a indisciplina é causada pelo professor, pela sua personalidade, pelo seu método pedagógico etc. Na realidade, a indisciplina não apenas tem causas múltiplas (ver capítulo "As regras morais e o conceito de indisciplina"), como também se transforma, uma vez que depende de todo um contexto sócio-cultural que lhe dá sentido.

As regras de disciplina podem regular a conduta no sentido de permitir, proibir ou possibilitar. Podem, também, viabilizar a criação. Para isso, o professor deve deixar o aluno falar, perguntar, mexer-se, expressar-se com liberdade e elaborar as suas próprias idéias.

Porém, se a disciplina é uma prática social, ter disciplina para realizar algo não significa ser disciplinado para tudo. A disciplina escolar não se identifica com ordem, e sim com práticas que têm diferentes tipos de exigência. Assim como muitas outras práticas sociais, as condutas de indisciplina chegaram a se transformar num sintoma de um comportamento individual, um desvio, fazendo com que os alunos sejam qualificados ou diagnosticados como instáveis, acelerados, egoístas, individualistas, desrespeitosos, insolentes ou hiperativos. E mais, muitas vezes a indisciplina é interpretada como uma doença que deve ser curada com remédios. Então, prescreve-se ritalina para todos. A indisciplina vira problema para especialistas, médicos ou psicólogos, e deixa de ser um problema que concerne ao professor ou aos pais.

Como definir, então, a disciplina?

No sentido mais geral, a disciplina aparece como um conjunto de regras e obrigações de um determinado grupo social e que vem acompanhado de sanções nos casos em que as regras e/ou obrigações forem desrespeitadas. Um dicionário atualizado de educação diz que a disciplina é um conjunto de regras de conduta, estabelecidas para manter a ordem e o desenvolvimento normal de atividades em uma aula ou num estabelecimento escolar.

Uma pergunta fundamental seria: Qual é a legitimidade da regra e do poder daquele que exerce a força? Para muitos autores, a disciplina na escola tem a ver com o exercício de um poder, o do adulto sobre a criança, o do professor sobre o aluno. Esse poder é outorgado ao professor pelos pais da criança, que lhe deixam exercer, por um tempo limitado, a autoridade parental; e pela sociedade, que exige do professor que exerça sua profissão. A disciplina aparece aqui como uma regra coercitiva à qual o indivíduo se submete por interesse (medo do castigo ou desejo de recompensa).

A disciplina pode ser olhada também como corretiva. Por exemplo, quando a sanção consiste em repetir com ortografia correta uma palavra que foi escrita de forma errada. Porém, o castigo só pode ter um valor educativo se quem o recebe compreende a razão. Isso depende da idade e também, claro, da complexidade da situação. Quando há uma relação exagerada entre disciplina e obediência ou disciplina e submissão, a disciplina pode ser até negativa. O elemento negativo aparece quando a conduta que o professor classifica como inadequada for taxada de indisciplina. Por exemplo, se o aluno conversa com outro por conta de um problema que foi proposto na sala de aula ou, então, quando o aluno não concorda com a solução do professor etc. Essas condutas não devem ser vistas como atos de indisciplina, e sim como associadas à criatividade do estudante. Se a disciplina só existe pelo medo que o aluno tem de ser castigado ou quando o professor adota uma postura autoritária para estabelecê-la, ela se torna negativa porque, em vez de permitir que o aluno cresça e conquiste sua autonomia, ela o infantiliza e o mantém dependente.

Porém, é evidente que disciplina não é necessariamente negativa. A obrigação de respeitar as regras existe em todos os jogos sociais e esportivos nos quais as regras são a razão de ser e o vínculo entre os participantes.

Por que e como surgem os problemas de indisciplina?

Os problemas de indisciplina traduzem-se de diferentes maneiras. Por exemplo, por meio de condutas como rejeitar a aprendizagem, faltar à aula, não levar os materiais escolares ou não fazer as tarefas. Outra forma é o desrespeito às normas elementares de conduta sem que exista necessariamente a intenção de molestar. E, ainda, os problemas de indisciplina podem se manifestar através de condutas disruptivas. Por exemplo, o aluno fica em pé freqüentemente, interrompe o professor, tenta chamar a atenção etc. Essas condutas são incômodas e desagradáveis, tanto para o professor quanto para outros alunos. Em casos extremos, aparecem condutas agressivas.

O conceito de indisciplina não apenas se traduz de múltiplas maneiras, mas é também objeto de múltiplas interpretações. Assim, a questão pode ser observada a partir de diferentes marcos de referência: do aluno, do professor ou da escola. Se considerarmos o referencial do aluno, a noção de indisciplina se expressa em suas condutas, nas inter-relações com seus pares e com os profissionais no contexto escolar e, ainda, no contexto do seu desenvolvimento cognitivo. Um aluno indisciplinado, portanto, é aquele que possui uma conduta desviante em relação a uma norma explícita ou implícita.

Olhando pelo referencial da escola e na medida em que se manifestem as contradições com relação aos referenciais que ela assume, poderia se considerar que é a escola a indisciplinada. Por exemplo, uma escola que se assume como democrática e que manifesta uma ausência desses valores na forma de articular as relações entre alunos e professores pode desencadear resistência, oposição e rebelião por parte dos alunos. A rebelião que, sem considerar o contexto, poderia ser vista como uma forma de indisciplina encontra aqui legitimidade e pertinência.

Se tomarmos o professor como ponto de referência, são suas condutas que aparecem como indisciplinadas quando ele não respeita as normas estabelecidas. Além do mais, muitas vezes a forma de intervir do professor para estabelecer ordem pode gerar indisciplina nos alunos.

Como já vimos, a indisciplina escolar não é um fenômeno estático nem um fenômeno abstrato que mantém sempre as mesmas características. As expressões da indisciplina são susceptíveis de mudança em função da época e do contexto. Em cada caso, é necessário questionar o grau de participação da escola na causa da indisciplina, e não assumir a posição ingênua e autoritária que sugere, sem fundamento algum, que o problema reside e se origina na atitude do estudante.

Se o objetivo for, por exemplo, a formação de um aluno crítico, capaz de pensar e intervir na realidade social e exercer assim uma conduta cidadã, o exercício do pensamento crítico na escola pode tomar a forma de condutas de rebelião e criar situações de conflito com as quais os professores não estão suficientemente preparados para lidar. Além do mais, nesse caso podemos nos perguntar se estamos diante de uma indisciplina ou de uma consciência social em formação. É evidente que, se quisermos que os alunos avancem no sentido da cidadania, é necessário prepará-los para pensar e resolver conflitos. Se eles não se sentirem capazes de elaborar e participar na solução de problemas que, em última instância, podem ir além dos problemas escolares, as condutas de indisciplina serão inevitáveis. E a questão é que o professor também não está preparado para resolver os distúrbios que acontecem em sala de aula. Falaremos do tema do conflito mais adiante.

A inquietação com relação à conduta dos jovens de hoje e à perda da boa educação não é nova nem específica de um determinado país. A afirmação de que os jovens de hoje pensam apenas em si próprios e que não têm qualquer respeito por seus pais ou pelas pessoas mais velhas, ainda que pareça atual, foi enunciada há muito tempo.

A perda de marcos de referência com relação ao comportamento é uma constante da convivência entre gerações. Porém, a deterioração da situação nas escolas é real. Há mais reclamações dos professores e as agressões verbais e físicas contra eles multiplicam-se.

É provável que em cada país a palavra disciplina tenha diferentes sentidos e que, para um aluno, um determinado comportamento seja indisciplinado ou não de acordo com suas normas culturais. Mas também é verdade que, quando as instituições de uma sociedade impedem os pais, outros adultos ou os jovens de participarem na vida das crianças e, dessa forma, o vazio que resulta é preenchido por um grupo de pares, reagrupados segundo a faixa etária, a jovem geração se torna mais alienada, indiferente e violenta, qualquer que seja a classe social.

As investigações comparativas são úteis para identificar diversas aproximações ao problema. Assim, por exemplo, existe um contraste entre as turmas norte-americanas do ensino fundamental, nas quais os limites aceitáveis de conduta dos alunos são negociados constantemente, e as turmas francesas, onde as normas de comportamento são interiorizadas e viram rotina, inclusive entre as crianças pequenas, o que permite que o professor se concentre na transmissão do saber.

Os professores ingleses vêem o conflito entre crianças como um desvio da moral individual; os franceses o vêem como um elemento inevitável e até procurado para a aprendizagem da vida em sociedade.

Na Inglaterra, o professor reage e expressa sua indignação condenando o transgressor unilateralmente. Na França, o professor interessa-se mais pela resolução dos conflitos do que pela caracterização da falta, pedindo aos alunos envolvidos no problema um retorno reflexivo sobre seus atos e encorajando-os a estabelecer boas relações. Reagir à indisciplina de maneira razoável, apostando no raciocínio das crianças, tem mais probabilidade de dar seus frutos em longo prazo.

Mas é difícil alcançar um equilíbrio no ensino entre a promoção de uma consciência coletiva e o desenvolvimento do indivíduo. Uma estratégia em matéria de conduta não serve se o aluno não vê interesse ou pertinência no que a escola propõe. Pode-se impor a obediência, mas não a vontade de aprender.

O problema da indisciplina leva-nos a diferenciá-la da violência.

VIOLÊNCIA E INDISCIPLINA

Ainda que em muitas ocasiões a violência social e a indisciplina escolar apareçam associadas, elas não são sinônimas. Se a violência pode ser causa de indisciplina, não é capaz de explicá-la totalmente. Se é possível que a partir da indisciplina se chegue à violência, as causas de uma e outra conduta são diferentes e, conseqüentemente, devem ser tratadas de diferentes maneiras. Não podemos comparar a agressão física ou o vandalismo com as condutas indisciplinadas na sala de aula.

Por outro lado, um bom comportamento nem sempre é sinal de disciplina, porque pode indicar uma adaptação aos esquemas da escola, ou a simples conformidade ou, ainda, apatia perante as circunstâncias. Além da necessidade de superar a idéia de indisciplina exclusivamente como problema de conduta, é importante diferenciar os atos de indisciplina e os atos de violência. O sociólogo francês Ballion pensa que se a violência é um problema da polícia e dos juízes, a indisciplina é problema dos professores e das equipes educativas. Prairat, professor de Ciência da Educação na Universidade de Nancy (França), acrescenta que não há violência escolar, e sim violências que são crimes e delitos repertoriados e sancionados pelo Código Penal. Em compensação, é totalmente legítimo falar em indisciplina escolar, porque as disfunções tais como o ruído de fundo, as conversas incessantes entre alunos, o hábito de jogar papeizinhos ou qualquer outro objeto, as piadas fora de lugar, a rejeição do trabalho, o fato de chegar atrasado, as ausências, o barulho etc. estão vinculadas à disfunção disciplinar e pedagógica da aula e da escola. Então, quando se fala em disciplina escolar, se faz referência ao conjunto de dispositivos e de regulamentações estabelecidos para garantir o desenvolvimento normal das atividades na sala de aula. Além desse aspecto funcional, a disciplina aspira a levar cada aluno ao exercício da responsabilidade pessoal.

Os sociólogos Garcia e Poupeau defendem que a categoria de violência escolar, assim como a de violência urbana, designam fenômenos heterogêneos que às vezes não têm qualquer especificidade escolar. Para esses autores, ao encarar a violência escolar como resultado das práticas inadequadas dos profissionais da escola, isenta-se a questão política e escamoteiam-se as violências que atravessam o mundo do trabalho.

Por outro lado, procura-se legitimar a idéia segundo a qual uma política de segurança deve ser aplicada no domínio educativo. Poupeau afirma que temos passado da idéia da luta contra as desigualdades sociais para a idéia de construção da insegurança como problema prioritário.

Ao mesmo tempo, pede-se dos profissionais da escola que contenham essa violência pelo recurso às forças da ordem. Mas confiar à escola a função de manter a coesão social que o Estado não consegue obter é condenar a escola ao fracasso e alimentar os discursos oficiais sobre sua incapacidade perante os desafios que lhe são apresentados. A insistência sobre o tema da violência na escola parece ser um recurso com que contam alguns professores e pais para dizerem que a situação escolar se tornou impossível, uma vez que a agressão, os insultos, as ameaças, a indisciplina são problemas cotidianos. Como dizem os pesquisadores Garcia e Poupeau, o tema da violência na escola é, por vezes, uma forma de questionar uma política chamada (de maneira apressada) de democratização. Ou seja, a política que administra a chegada de novos públicos. Tal questionamento ocorre, ainda que a anomia escolar não esteja apenas ligada à irrupção de alunos vindos de um meio popular, num sistema escolar do qual, antes, esses novos públicos estavam excluídos. Essa irrupção é acompanhada de uma redefinição da instituição escolar, que se transforma no lugar da gestão das pessoas desfavorecidas e não no lugar da transmissão do saber. Na França, por exemplo, as exigências escolares parecem ser menores atualmente. Isso representa o exercício de uma violência sobre os meios populares, já que é possível ter um diploma de ensino médio e estar em situação de fracasso escolar. Por esse motivo, Garcia e Poupeau falam em uma falta de escolarização da escola.

A distância que existe entre a missão oficial da escola, de democratização, e a missão efetiva de simples gestão dos setores desfavorecidos ilustra uma ilusão que leva a ver na escola um meio de promoção social. Por isso, quem espera da escola, aquilo que ela não pode dar – isto é, democratizar a sociedade, oferecer um emprego, um lugar na sociedade, uma identidade social – considera que ela se torna detestável e isso causa indignação, pois a escola não consegue satisfazer tais expectativas. Mas, no fundo, essas expectativas equivocadas legitimam decisões políticas.

Como dizem Garcia e Poupeau, pensar que a escola pode "assegurar a promoção social de todos, seria admitir que a luta contra o fracasso escolar pode substituir as lutas sociais que procuram uma distribuição igualitária das riquezas".

Voltemos à indisciplina

Neste livro vamos nos ocupar do problema da indisciplina e não da violência. É provável que as condutas que preocupam o professor sejam as condutas disruptivas na sala de aula, porque elas perturbam e o impedem de exercer a sua função. Como se manifestam essas condutas? O problema é que se manifestam em situações particulares e não se apresentam sempre da mesma maneira. Às vezes é um pequeno grupo de alunos que, ao se aliar, desestabiliza a dinâmica da aula com condutas particulares tais como o desafio verbal, a resistência às atividades propostas ou as brincadeiras insolentes em relação ao professor. Essas crianças tentam testar o poder do professor e descobrir até onde podem chegar. Quando não consegue controlar a situação, o professor, inquieto e saturado, pode se expressar agressivamente, desqualificando o aluno que aparece como o mais provocador. Aluno e professor enfrentam-se, enxergam-se como inimigos potenciais e estão na defensiva.

O problema é que, objetivamente, a relação professor/aluno é desigual. O adulto não pode se comportar feito criança e a criança não é um adulto. Cada um tem seu papel e ambos ocupam lugares que não são intercambiáveis. É preciso compreender que isso não significa que não possam colaborar e dialogar, mas, se adulto e criança fossem iguais, para que existiria a escola? As condutas e situações de indisciplina geram angústia e quando há angústia não se pode estabelecer uma relação adequada entre professor e aluno; portanto, não se pode estabelecer um clima de trabalho e respeito mútuo.

Se os alunos tiverem na frente da turma um adulto que os respeita, que os escuta, que os trata como pessoas que pensam e que têm o que dizer, e não apenas como alunos que não sabem, situações angustiantes, provavelmente, não ocorrerão. Como deveria ser, então, a relação entre aluno e professor? Um bom caminho seria interagir com os alunos para vê-los e conhecê-los. Assim, o professor agiria a partir de necessidades reais ou explicitadas pelos alunos e não de acordo com suposições a propósito do que o aluno precisaria. Desta maneira, inclusive os problemas de indisciplina poderiam ser vistos na sua própria significação. Não serão os problemas de conduta uma forma de os alunos pedirem limites, afeto, compreensão e amor?

Para a historiadora e filósofa M. T. Estrela, os atos de indisciplina podem ser agrupados em três categorias:

O primeiro tipo de indisciplina caracteriza-se pela intenção de escapar do trabalho escolar considerado fastidioso, pífio, desinteressante ou muito difícil. Evitar o trabalho escolar é, para o aluno, a razão da indisciplina.

A segunda forma de indisciplina tem como objetivo a obstrução. A indisciplina tende a impedir parcial ou totalmente o normal desenvolvimento do curso dado pelo professor.

Finalmente, a terceira modalidade da indisciplina é um protesto contra as regras e as formas de trabalho. Trata-se aqui de denunciar um contrato implícito que funciona na aula sem que a opinião dos alunos tenha sido levada em conta. Através da indisciplina, pretende-se renegociar as regras.

Se pudermos determinar a natureza da indisciplina, as escolas poderão desenvolver uma política disciplinar que especifique estratégias de prevenção e de intervenção, tanto no âmbito da escola quanto da aula, como veremos no capítulo sobre os remédios contra a indisciplina.

É evidente que em uma escola tradicional, a disciplina seja tradicional. Essa escola caracteriza-se por ser um espaço ordenado e controlado, onde as diferentes atividades estão ritualizadas. O movimento, o ato de tomar a palavra, o estudo etc. respondem a rotinas estruturadas. Na escola tradicional, recomenda-se o silêncio, que é considerado, ao mesmo tempo, uma virtude social e uma disposição intelectual. O controle do corpo é constante.

A Escola Nova propõe um outro tipo de disciplina, o autogoverno. Aqui, o conceito de disciplina responde a um sistema de normas que uma organização (a escola, a turma) estabelece a si própria e, também, à obrigatoriedade ou não de cada membro dessa organização cumprir com pautas que, para assumi-las, devem ter sido elaboradas democraticamente e revisadas criticamente por todos os indivíduos participantes.

A idéia de disciplina implica que as normas podem ser reinterpretadas pelos atores e que os processos de negociação de significado das normas são necessários para estabelecer marcos provavelmente provisórios de consenso na escola. Essa forma de entender a disciplina na escola permite a convivência escolar democrática, que não exclui a possibilidade da emergência de situações de conflito. Essa idéia de disciplina inclui a transformação do sistema escolar, que permite tanto aos professores quanto aos alunos exercer a responsabilidade.

Assim, ou temos uma escola tradicional onde os alunos permanecem passivos e aprendem por obrigação, ou temos uma escola nova onde os alunos são ativos e responsáveis pelo que querem estudar.

Precisamos agora indagar mais profundamente o tema da construção de regras inerente à problemática da indisciplina. Trataremos desse assunto no próximo capítulo.

Em síntese

• A indisciplina é um problema real tanto na sala de aula como na escola.

• A indisciplina implica desobedecer às normas estabelecidas e pode expressar-se de vários modos. Por exemplo: recusar-se a aprender, não respeitar as regras, manifestar condutas inadequadas, fazer barulho e brincadeiras durante a aula etc.

• Deve-se diferenciar violência de indisciplina, pois esta, ao contrário daquela, deve ser objeto de reflexão e da busca de soluções por parte do professor.

• Se é verdade que sempre houve problemas de indisciplina, o desconhecimento das fronteiras entre disciplina e indisciplina fez com que esta última se tornasse um termo fundamental da educação.

• Toda conduta que parece inadequada se transformou em um sintoma de indisciplina, a tal ponto que se julga, muitas vezes, que as crianças precisam receber tratamento. Assim, um problema social se transforma em uma questão psicológica. Mas não é com remédio que se resolve o problema da indisciplina na sala de aula.

AS REGRAS MORAIS E O CONCEITO DE INDISCIPLINA

Os problemas de indisciplina na escola estão associados com problemas de moral. Como os indivíduos não vivem sozinhos, e sim em sociedade, precisam de regras que permitam a convivência, isto é, comportar-se da melhor maneira uns com os outros. As regras são espécies de instruções que orientam a conduta nas diversas situações sociais. Toda organização social possui uma série de normas ou regras que permite aos indivíduos viverem juntos. Essas regras não são inatas: devem ser adquiridas em casa, na escola e na sociedade em geral.

Não é nenhuma novidade dizer que a sociedade pode atravessar períodos de crise. Nesses períodos, quando as formas habituais de vida e as regras que delas derivam não mais funcionam, é que se manifestam os problemas e se torna necessário redefinir as regras para poder manter a organização. A sociedade ou o indivíduo que perde as regras sente-se desorientado e procura novas formas de existência. As novas regras deverão se redefinir tanto em casa quanto na escola e na sociedade, já que esses lugares estão intimamente relacionados. Quando a sociedade está em crise, a família está em crise e a escola também. E contribuir para uma mudança num lugar, contribui também para obter mudanças nos outros. Como o nosso enfoque é a escola, vamos nos deter mais nesse ambiente.

A psicologia pode nos ajudar a entender como se adquirem as regras, de que fatores depende o desenvolvimento moral e como ajudar na construção desse desenvolvimento.

Começo pelas regras. Uma das características do conceito de regra é a de *regularidade*, isto é, algo que acontece de uma maneira determinada e que deve ser repetido em qualquer circunstância. Outro aspecto determinante da regra é o *respeito* que se tem por ela. As regras morais estão associadas à justiça, à integridade dos outros e ao respeito aos seus direitos. Mesmo quando não estão explicitamente codificadas, elas são compartilhadas por quase todos os indivíduos. Essas regras são adquiridas ao longo do desenvolvimento. As regras estabelecem até onde se pode chegar e o que não se deve fazer em relação aos outros.

Como constituir na criança o espírito da disciplina?

As respostas serão diferentes de acordo com o ponto de vista que se adote. Por exemplo, para Durkheim, sociólogo que escreveu sobre Educação Moral, um elemento inerente à disciplina é o gosto da existência regular. Na criança predomina a fantasia e a mobilidade; não há limites para o desejo, nada freia suas emoções nem suas tendências instintivas. Porém, Durkheim reconhece que apesar da mobilidade, os rituais são importantes na vida infantil. Podemos dizer, com esse autor, que a criança é tradicionalista. Quem não escutou uma criança reclamar porque um dia contaram uma história de um jeito e depois a contaram com uma pequena variação? Por outro lado, as crianças são sugestionáveis. Essas duas características deixam aberta a possibilidade de serem influenciáveis. Agir moralmente significa se conformar às regras da moral, que são exteriores à consciência da criança porque foram elaboradas sem ela. Mas chegará o momento em que a criança entrará em contato com essas regras. Esse momento da existência da criança, decisivo no que diz respeito à formação da disciplina, é, segundo Durkheim, a vida escolar.

Na família, a tendência altruísta e os sentimentos de solidariedade predominam sobre o dever. Na escola, as regras são necessárias e constituem um instrumento insubstituível da educação moral. O professor deve impô-las. Por isso, tudo dependerá do professor. Porém, diante da autoridade da regra, a autoridade do professor deve passar para um segundo plano, porque a regra deve ser impessoal para ser considerada regra. Durkheim opõe-se à educação que preconiza a escola ativa e que se funda no interesse individual e na livre iniciativa. Assim, o autor diz que na vida nem tudo é brincadeira e que por esse motivo é necessário que a criança se prepare para o esforço. Na perspectiva de Durkheim, não apenas é necessária uma disciplina forte, como também devem existir penalidades escolares que sancionem a indisciplina. Para ele, o castigo deveria apagar ou reparar a falta cometida no desrespeito à regra. Mas o castigo, diz esse autor, apaga a falta na medida em que o sofrimento que se aplica à criança demonstra para ela que o professor levou essa falta a sério. Assim, a essência do castigo é um sinal material, uma linguagem por meio da qual a consciência do professor expressa o sentimento que o ato reprovado lhe inspira. Notemos que, apesar de coercitiva, a teoria de Durkheim posiciona-se contra o castigo corporal.

Além da disciplina, o outro elemento da moralidade é fazer com que a criança tenha um apego normal com os grupos sociais que a rodeiam. Aqui deveríamos recorrer à nossa faculdade de simpatia e às nossas tendências altruístas e desinteressadas. A criança não é puramente altruísta nem puramente egoísta, mas sim as duas coisas ao mesmo tempo. Por isso, para educá-la, é necessário estender progressivamente seu círculo social. Antes de freqüentar a escola, a criança conhece a família e as sociedades de amigos nas quais se reforça o altruísmo. A escola é o melhor intermediário para prepará-la para a sociedade política, que não tem essas características. A instrução cívica e o ensino da História são suficientes para iniciar a criança nos valores da sociedade adulta, diz Durkheim.

Piaget critica Durkheim. A doutrina de Durkheim entra em contradição com as recentes aquisições da psicologia e com as da pedagogia nova. Para Durkheim, o espírito de disciplina é o ponto de partida de toda vida moral. Além da regularidade da conduta, são necessárias regras que possuam uma autoridade suficiente. É por meio da vida social que se elaboram as regras. Todas as experiências de Piaget mostram que as regras que as crianças seguem e respeitam são resultantes das relações sociais. Só que, para Piaget, não existe apenas um tipo de autoridade nem apenas um tipo de regra.

Durkheim nem se preocupa com essa questão. Para ele, toda autoridade deriva da sociedade e o professor é o intermediário entre a sociedade e a criança. Por isso, tudo depende do professor e a regra é como uma revelação que o adulto dá à criança.

A observação psicológica mostra para Piaget que a criança respeita múltiplas regras em todos os domínios, especialmente nas brincadeiras. Essas regras são também sociais, mas se apóiam em um outro tipo de autoridade. Muitos pedagogos perguntaram-se se essas regras, características da sociedade de crianças, poderiam ser utilizadas na sala de aula. E essas experiências deram lugar a uma pedagogia moral do autogoverno, com a qual Piaget compartilha e que é totalmente contrária à pedagogia de Durkheim.

Para Piaget, existem dois tipos de regra e de autoridade: a regra devida ao respeito unilateral e aquela devida ao respeito mútuo. Esses dois tipos de regra chegam a resultados opostos. A regra da coação, vinculada ao respeito unilateral, é considerada como sagrada. É exterior à consciência da criança e não chega a ser obedecida de maneira efetiva. A regra devida ao acordo mútuo e à cooperação nasce no interior da consciência da criança e é praticada positivamente na medida em que se relaciona com a vontade autônoma da criança.

Os dois tipos de regra respondem a dois tipos de moral. Por um lado, a moral fundada no respeito unilateral entre uma geração e a seguinte. Por outro lado, a moral da reciprocidade fundada no respeito mútuo entre iguais. A distinção entre esses dois tipos de moral pode ser vista como a distinção entre dois tipos de equilíbrio parte/todo. Um tipo de equilíbrio se manifesta como a *moral da obrigação*, que implica em um contexto caracterizado pelo predomínio do todo representado pelos pais e outras figuras de autoridade sobre as partes; ou então como a *moral do egocentrismo*, que é caracterizada pela perspectiva individual predominante sobre a coordenação de perspectivas do todo social. O outro tipo de equilíbrio é o da *moral da cooperação* ou da reciprocidade, que seria a forma de equilíbrio superior na qual as perspectivas individual e grupal são balanceadas. O equilíbrio ideal, isto é, a síntese entre o todo e as partes é a cooperação entre indivíduos que se tornam autônomos.

Piaget estudou a concepção que as crianças têm das regras a partir de um jogo: o jogo de bolinhas de gude, comum na época. Piaget observa as crianças, interroga-as, pede para brincar e brinca com elas. Na observação das crianças em situação de brincadeiras estruturadas por regras, Piaget interessa-se em focalizar o jeito com que as crianças praticam as regras e a representação que elas têm destas. A partir dos dados que obtém, distingue quatro níveis na prática das regras do jogo.

Antes dos 3 anos, as crianças manipulam as bolinhas em função de desejos individuais e de hábitos motores. Isto leva à repetição de alguns esquemas simbólicos e ritualizados. Essas regras motoras são de caráter individual. Por outro lado, as crianças não se sentem submetidas a qualquer regra de maneira prática e durável. Por exemplo, uma criança pode deixar cair as bolinhas várias vezes, depois as põe numa panela para preparar o almoço, depois as esconde etc. Esse estágio caracteriza-se pela ausência de regras fixas e obrigatórias. Num segundo momento, entre 3 e 5 anos, as crianças brincam de maneira mais ou menos fixa, inspirando-se em regras que não entendem muito bem ou em fragmentos de regras que não conseguem coordenar. As crianças acreditam que brincam como os outros, mas, brincando com alguém, sem se dar conta, cada uma utiliza regras diferentes. Podemos dizer que cada uma brinca para si e não procura ganhar no jogo. Por isso, às vezes, ganham duas crianças num jogo no qual apenas um podia ganhar. Ao redor dos 7/8 anos, o terceiro momento, as crianças coordenam o jogo mutuamente em função de regras. Cada uma joga para ganhar e elas reconhecem que apenas uma por vez pode vencer. Porém, não compreendem nem o detalhe das regras nem a estrutura do jogo. Finalmente, no último estágio domina a regra. Aos 11/12 anos, a criança procura prever todos os casos possíveis e tenta codificar os casos não previstos pela regra. Podemos dizer que se transforma num legislador. Codificam-se as regras e cada uma as conhece.

Piaget descreveu também três momentos diferentes em relação à consciência das regras.

As crianças mais novas, de 4 e 5 anos, parecem aceitar as regras com desenvoltura, mas, na verdade, elas são conservadoras e se aceitam as inovações a elas propostas é porque não se dão conta de que há inovações. Antes dos 6 anos, as regras não são vistas como obrigatórias e a criança busca satisfazer seu interesse motor ou sua fantasia simbólica. Como as crianças estão imersas em uma atmosfera de regras impostas pelo meio social, é difícil diferenciar o que vem de fora e o que vem de dentro.

Entre 6 e 9/10 anos, as regras são consideradas como sagradas e impossíveis de mudar, ainda que, na prática, as crianças acabem modificando alguma coisa. Essa atitude aparece de forma clara aos 6 anos.

A cooperação que começa a aparecer entre 7/8 anos não é suficiente para reprimir a mística da autoridade; e é somente a partir dos 9/10 anos que a regra nasce do consenso mútuo e pode mudar se todos estiverem de acordo.

Se considerarmos simultaneamente a compreensão e a prática das regras, podemos dizer que o desenvolvimento da criança apresenta uma evolução que vai do egocentrismo/obrigação à cooperação. A criança é egocêntrica na prática das regras quando as interpreta de forma individual. E, dessa forma, as deforma. Por outro lado, ao enxergar as regras como sagradas, a criança se acomoda à *moral da obrigação* com seu correspondente respeito unilateral. O que é interessante é que o egocentrismo da criança, na prática, corresponde à obrigação de respeitar a regra no plano da compreensão. Por esse motivo, vê as regras como sagradas e, ao mesmo tempo, as deforma de maneira egocêntrica. Essa coincidência entre egocentrismo e *moral da obrigação* (coação) leva Piaget a dizer que não são incompatíveis e que, ao contrário, se reforçam mutuamente. A desigualdade que existe entre a criança e o adulto leva ao respeito unilateral e, ao mesmo tempo, impede a criança de adotar a perspectiva do adulto. Incapaz de adotar outra perspectiva, a criança fica presa na sua, o que define o egocentrismo. A criança pequena é egocêntrica por indiferenciação entre o eu e o mundo. Associa sem distinguir o que provém da sua subjetividade e o que provém da objetividade externa. O que pensa parece-lhe que é pensado pelos outros e se atribui o que os outros pensam. Dessa forma, não pode cooperar porque, para isso, precisa ser consciente do seu eu e situá-lo com relação ao pensamento do outro. As crianças pequenas não compreendem as finalidades da moral. Porém, devem confrontar-se com as regras estabelecidas pelos adultos, em particular os pais, e começar a respeitá-las. Para Piaget, a coação do adulto e o egocentrismo vão junto e no mesmo sentido. A coação funda-se na afirmação de um poder externo que não permite a reflexão e que às vezes castiga sem considerar as intenções e se justifica nos danos materiais que a criança cometeu.

O desenvolvimento da cooperação provoca a desaparição do egocentrismo e do respeito unilateral. Em resumo: Piaget afirma que a coação não é a única maneira de adquirir a consciência da obrigação moral, também afirma que a *moral da cooperação* surge espontaneamente entre as crianças e que, no desenvolvimento, a *moral da cooperação* apresenta-se como mais avançada que a *moral da obrigação* ou da coação.

Piaget pensa que a sociedade à qual queremos adaptar as crianças tende cada vez mais a substituir a regra da coação pela regra da cooperação. A democracia considera a lei como produto da vontade coletiva. Por esse motivo, toda democracia deve substituir o respeito unilateral à autoridade pelo respeito mútuo de vontades autônomas. Nestas condições, Piaget interroga-se sobre o que preparará a criança para a sua tarefa futura de cidadão: o hábito da disciplina exterior, adquirido sob influência do respeito unilateral e da pressão adulta ou o hábito da disciplina interior do respeito mútuo e do autogoverno?

Quando se constata a resistência das crianças em idade escolar ao método autoritário e a esperteza que essas mesmas crianças manifestam para escapar à disciplina, não temos mais remédio senão considerar defeituoso o sistema fundado na coação. Por esse motivo, Piaget, ao contrário de Durkheim, pensa que não é o professor que tem que impor a regra à criança. O professor é um colaborador. Só assim pode surgir a verdadeira disciplina, desejada pelas próprias crianças. As experiências da psicologia e da pedagogia mostram que quando as crianças de 9 a 12 anos não estão condenadas, como acontece na escola, à guerra contra a autoridade, são capazes de disciplina e vida democrática. De qualquer forma, todas as experiências feitas para introduzir a democracia na escola são importantes.

Retomando: a disciplina, esse sistema de regras que torna possível a existência de certa ordem de convivência entre os alunos e o professor no contexto da sala de aula, é fundamental para o aprendizado escolar. Para que a convivência seja produtiva, porém, as regras que organizam a relação na sala de aula devem ser negociadas e explicadas. Não se trata, então, de negar a disciplina, e sim de ver qual é a melhor maneira de articular as leis (que são fixas e devem ser respeitadas) com as regras (que podem ser negociadas e auto-reguladas), como explica o psicólogo Lino de Macedo num artigo sobre o lugar do erro nas leis ou nas regras.

O problema da disciplina é solidário com aquele da educação funcional. Uma disciplina autônoma é somente concebível numa escola que deixe grande parte da iniciativa e da atividade espontânea para a criança. O interesse é necessário para a elaboração da disciplina própria ao sistema de autonomia. E apenas a escola ativa, isto é, aquela onde não se faz com que a criança trabalhe por meio de uma obrigação externa, e sim por seu próprio interesse, pode realizar a cooperação e a democracia na sala de aula. Basta acompanhar uma criança fora da sala de aula para ver que, se o trabalho lhe interessa, é capaz de realizar um esforço que vai até o limite da sua força física. Portanto, deixar que a criança adquira por si própria o hábito do trabalho e da disciplina interior não é perda de tempo. Tanto no domínio moral quanto no domínio intelectual, o indivíduo só possui aquilo que foi conquistado por seus méritos.

As crianças são capazes de praticar a democracia. Vale a pena utilizar essas tendências infantis e não deixar que se percam ou que lutem contra a autoridade adulta, como em geral acontece na vida escolar.

Piaget, que se interessou pelo desenvolvimento moral da criança, afirma que a regra é importante uma vez que ela é a condição para a existência do grupo social. Também afirma que, à medida que a criança cresce, mais ela compreende que a regra depende do acordo mútuo. Sem a existência de regras de vida e de respeito a elas, é impossível conceber a democracia na sala de aula e o exercício da cidadania. Por isso, a estratégia que consiste em utilizar na classe a pedagogia da cooperação, na qual as interações sociais em pequenos grupos estão presentes, é fundamental.

A COOPERAÇÃO

Que significa cooperar? Piaget sugere que a cooperação se caracteriza pelo respeito mútuo, o igualitarismo e a reciprocidade. A reciprocidade é a capacidade de o indivíduo integrar a idéia do outro a seu próprio ponto de vista. Ora, o fato de os alunos ficarem ao redor de uma mesa não garante a cooperação. Para que exista cooperação, é preciso satisfazer algumas condições essenciais:

- Antes de qualquer coisa, os alunos devem compreender por que é importante aprender a cooperar. Para isso, é mais eficaz trabalhar em um grupo pequeno, de 4 ou 5. Porém, é importante, antes da formação de pequenos grupos, pedir para as crianças trabalhar em duplas. A composição de pequenos grupos deve refletir a heterogeneidade da própria escola. Esses reagrupamentos levam os alunos a abordar os problemas a partir de pontos de vista diferentes e complementares.

- Deve-se deixar claro que o sucesso de uma criança torna-se possível apenas se o grupo inteiro tiver sucesso. Em conseqüência, os membros de uma equipe devem coordenar suas ações para resolver a tarefa que se pede. Essa interdependência positiva desenvolve-se quando se compartilham objetivos, recursos e tarefas, assumindo papéis complementares.

- O aluno deve assumir as suas responsabilidades e ser responsável pelo seu próprio aprendizado. No final de um trabalho cooperativo, cada aluno deve ter aumentado seus conhecimentos e estar mais bem preparado para resolver, sozinho, uma tarefa semelhante. Além do mais, ao realizar uma tarefa, cada um contribui para o sucesso da equipe, o que permite o progresso de todo o grupo.

- A interação verbal entre alunos é uma das chaves da aprendizagem cooperativa. É escutando os outros e expressando os pontos de vista que os alunos aprendem a tornar mais claro o pensamento e a encontrar as palavras para exprimi-lo.

Enfim, para trabalhar de forma eficaz no grupo cooperativo, os alunos devem utilizar habilidades sociais e cognitivas. As habilidades sociais permitem ao aluno desenvolver e manter relações harmoniosas no grupo. Por exemplo: a habilidade para utilizar o nome de cada sujeito da equipe, a de olhar para o interlocutor, a de encorajá-lo e de lhe oferecer ajuda, tudo isso faz parte dessa categoria. Por outro lado, as habilidades cognitivas permitem ao aluno lidar melhor com a informação disponível e associá-la a conhecimentos anteriores. Por exemplo: resumir uma idéia, formular uma hipótese, chegar a uma conclusão e construir um esquema. As habilidades cooperativas são diferentes das utilizadas nas aulas tradicionais. Por isso, no começo, as crianças manifestam certa dificuldade em se adaptar ao trabalho de equipe. Uma vez que aprendem a utilizar habilidades cooperativas, os alunos compreendem que elas respondem a uma necessidade.

É por meio do trabalho cooperativo em grupos pequenos que os alunos experimentam diversas formas de interação nas quais regras e normas estão presentes. Como discutir corretamente um tema ou participar de forma eficaz na resolução de um problema se o aluno é incapaz de esperar a sua vez para falar? Ou se não escuta o que o outro está falando? Ou se se recusa a reconhecer uma idéia mais bem fundamentada do que a sua? Aprender a participar numa discussão ou realizar uma tarefa coletiva que exige competências intelectuais leva o aluno a pensar por ele próprio e a tomar decisões. Além do mais, o aluno se inicia no exercício das regras sociais que o guiarão na aprendizagem da cidadania.

O DESENVOLVIMENTO MORAL DA CRIANÇA

Como já vimos, para Piaget a moral consiste num conjunto de regras e toda moral deve ser procurada em essência no respeito que o indivíduo adquire pelas regras. É por esse motivo que Piaget estuda o respeito que as crianças têm pelas regras em situações lúdicas. Ele constata uma evolução psicogenética que vai da anomia ou ausência de regras à autonomia, passando pela heteronomia.

No seu livro *O juízo moral na criança*, publicado em 1932, Piaget estuda o raciocínio moral nas crianças. Diferentemente de Durkheim, que estudou a autonomia moral nas crianças a partir da autoridade que os adultos exercem sobre elas, Piaget estudou a aparição das normas morais nas relações das crianças entre si, em particular, a partir dos jogos de regras que as crianças utilizam entre os 6 e 12 anos.

Piaget quer saber quais são as idéias que as crianças têm a propósito das regras nos jogos, se pensam que é necessário cumpri-las, se podem ser modificadas etc. Além do mais, observa a conduta das crianças ao praticar as regras de jogo. Por meio destes estudos, Piaget percebe que as crianças criam suas próprias normas e as transmitem umas às outras sem intervenção do adulto. As crianças inventam também os controles necessários para que as regras sejam cumpridas. Os mais novos são iniciados aos poucos pelos mais velhos no respeito pelas regras e na sua prática correta. Assim, no jogo de regras aparece um sistema infantil de regulação de condutas. Dentro deste sistema, será dada prioridade a valores tais como a igualdade e a solidariedade entre iguais. A criança tem então a ocasião de participar da elaboração de um sistema de regras.

O jogo de regras é uma ocasião para estudar, ao mesmo tempo, a consciência que as crianças têm delas e a forma em que as praticam. Estudando esses aspectos, Piaget observou que as crianças praticam melhor as regras do que são capazes de explicá-las. Observou também que as crianças mais novas dizem que se deve obedecer às regras em qualquer circunstância, mas, ao mesmo tempo, na prática as transgridem sem sequer perceber.

Piaget interrogou as crianças para entender suas intenções por trás de determinadas ações. Ou seja, questionou sobre responsabilidade para entender as noções das crianças sobre mentira, castigo, justiça etc. Esses problemas relacionam-se, a partir de uma perspectiva adulta, com a moral. Para entender a estrutura do raciocínio da criança, Piaget indaga profundamente as razões e justificativas que ela dá para os problemas morais. Isto é importante porque um mesmo fato pode ser justificado com razões diferentes. Por exemplo, mentir não está bem porque: 1. Mentindo, rompe-se com um acordo implícito de confiança ou 2. Porque pega mal se alguém descobrir.

O que Piaget estuda quando confronta a criança com problemas de tipo moral que acontecem entre personagens desconhecidos é o julgamento teórico das crianças, para conhecer as razões pelas quais elas pensam que o ato é bom ou ruim. Não é a mesma coisa que julgar algo que acontece com a gente. Na realidade, o juízo moral teórico pode estar muito longe do juízo prático e da própria conduta moral, mesmo quando existem relações entre os diferentes níveis de juízo e de conduta moral.

Piaget observa que ao longo do desenvolvimento acontecem transformações importantes relacionadas com o juízo moral das crianças.

O método que Piaget utilizou para estudar os juízos e as crenças das crianças consistia em relatar a elas uma série de histórias nas quais alguns personagens, movidos ou não por alguma razão, realizavam determinadas ações que tinham diversas conseqüências. Por exemplo, apresentam-se à criança as seguintes histórias:

- Alfredo encontra-se com uma criança muito pobre que naquele dia não pôde comer nada. Alfredo entra numa padaria, mas, como não tem dinheiro, rouba um pãozinho e, na saída, dá para a criança pobre.

- Beatriz entra numa loja. Vê no balcão uma fita muito bonita e pensa que ficaria muito bem com ela, então pega a fita e sai correndo.

Pergunta-se, então, se Alfredo e Beatriz agiram igualmente mal ou não e por quê. As crianças mais novas, até 7 anos, avaliam os atos em função do resultado material. Dizem, por exemplo, que a conduta de Alfredo foi pior, porque o pãozinho é maior do que a fita. Com mais idade, as crianças levarão em conta a intenção e dirão, por exemplo, que Alfredo atuou com boa intenção, para ajudar uma criança com fome.

Em outras histórias sobre a responsabilidade e a intenção, compara-se um ato acidental, resultante da falta de jeito, com outro feito com má intenção. Por exemplo, uma criança abre a porta da sala de jantar e quebra 15 copos que estavam atrás da porta. Outra criança, aproveitando que sua mãe não está, sobe no armário da cozinha, pega o doce que sua mãe a tinha proibido de comer e quebra uma xícara. As crianças mais novas consideram que a criança que quebrou os 15 copos devia ser castigada e não a outra que quebrou apenas uma xícara. Os mais velhos, que enxergam a diferença entre falta de jeito e desobediência, pensam que seria injusto castigar quem tinha quebrado os copos.

Outro tema que Piaget estudou e que caminha no mesmo sentido é a mentira. Conta duas histórias para as crianças compararem. Na primeira, uma criança passeia pela rua e topa com um cachorro muito grande e assustador. Chegando em casa, diz para a mãe que viu um cachorro grande feito uma vaca. Na outra história, uma criança, voltando da escola, conta para a mãe que a professora deu boa nota para ela, o que não é verdade. Quando se pede para as crianças compararem e avaliarem as duas mentiras, os mais novos assinalam a primeira como a mentira mais grave, porque é impossível que cachorros sejam tão grandes como uma vaca, enquanto é possível que uma criança ganhe boas notas na escola e, portanto, a mãe pode acreditar. As crianças mais velhas, a partir dos 8 anos, dizem o contrário. Quem falou que a professora tinha dado boas notas, segundo elas, disse uma mentira mais grave que a do cachorro, porque a mãe pode acreditar nas boas notas e dar um prêmio que a criança não merece.

Assim, até os 7 anos, a responsabilidade pelos atos, nos casos apontados, o de transgredir uma norma ou faltar com a verdade, é objetiva. Quer dizer, tem de ser julgada em função das conseqüências materiais e não em função da intenção. A partir dos 7, 8 anos, as crianças interpretam a responsabilidade como algo subjetivo e levam em conta, então, as intenções.

Piaget denominou a primeira orientação moral da criança como *realismo moral* porque a tendência da criança é a de encarar as regras num sentido mais literal, sem levar em conta as condições nas quais devem ser aplicadas. Isto é, devem ser cumpridas pelo fato de serem regras e mudar qualquer detalhe supõe transgredi-las. Por essa razão é bom obedecer e é ruim desobedecer à autoridade ou à regra. O regulamento é aplicado ao pé da letra. O *realismo moral* conduz a uma concepção objetiva da responsabilidade. A intenção não conta, o que importa é o resultado material.

Outros dois temas que Piaget estudou na criança e que são importantes para a questão da disciplina/indisciplina, que estamos estudando, são o do castigo que deve ser ministrado quando alguém comete um ato reprovável e também o tema da justiça.

Quais são as idéias que as crianças têm sobre o castigo? Existem dois tipos de sanções, as expiatórias e as sanções por reciprocidade. As sanções expiatórias supõem um castigo arbitrário, isto é, não há uma relação lógica entre o conteúdo do castigo e a natureza do ato que levou ao castigo. Por exemplo: uma criança brincando de bola no corredor, sabendo que era proibido, quebra um vaso com uma planta. Como castigá-la? Se a sanção é expiatória pode-se optar por dar tapas na criança ou quebrar um de seus brinquedos. O valor do castigo se impõe pela severidade. O que importa é que exista uma proporção entre o sofrimento que se impõe e a gravidade do delito. Essa sanção é simplesmente uma penalização pelo ocorrido.

Nas sanções de reciprocidade há uma relação entre o delito e o castigo. Por exemplo, na mesma situação descrita (jogo com bola), o castigo seria pedir à criança que plantasse, ela mesma, uma nova planta, já que deixou de respeitar a regra que a proibia de jogar bola no corredor. Nesse caso, haveria uma sanção restitutiva. O essencial na sanção por reciprocidade é que a criança entenda que se quebrou o laço de reciprocidade que a une aos outros. Neste sentido, não há necessidade de reprovação.

Outro exemplo é de um menino que se fecha em seu quarto em vez de comprar pão, como pediu sua mãe. O pai pensa em três castigos: 1. Proibi-lo de brincar no carrossel no dia seguinte; 2. Deixá-lo sem pão; 3. Deixar de ajudá-lo quando ele pedir. Os dois primeiros castigos são expiatórios, embora o segundo seja um pouco diferente porque o menino foi castigado pela conseqüência da sua ação. O terceiro é do tipo recíproco. O culpado deve compreender que houve um corte no laço de reciprocidade que o ligava, nesse caso, a seus pais.

A sanção expiatória é o que propõem as crianças mais novas, até 7/8 anos. A preferência pelas sanções por reciprocidade aumenta com a idade. Os professores podem utilizar os dois tipos de sanções para castigar uma criança desobediente. Por exemplo, se uma criança fica sem recreio por haver brigado com um colega, então não haverá nem reflexão sobre o fato, nem a possibilidade de reconciliação entre eles. A criança terá simplesmente perdido seu direito a brincar. Se, ao contrário, propicia-se um diálogo reflexivo sobre o que aconteceu, pode-se favorecer um pedido de desculpas, uma reconciliação entre as crianças e uma compreensão do problema de forma mais coerente.

No que se refere à justiça, que é uma noção fundamental na definição de moralidade, existe também uma evolução. Para as crianças mais novas, existe uma justiça imanente. Isto é, existe uma relação necessária e universal entre a transgressão e a sanção. Os castigos derivam da própria natureza das coisas. Por exemplo, uma criança rouba maçãs; quando ela passa por uma ponte, a ponte quebra e a criança cai na água. Isso é normal, porque algum castigo tinha que ter por roubar. Se a criança não tivesse roubado, a ponte não teria quebrado! Idéia que as crianças mais velhas não aceitam.

O problema da sanção está associado com o das justiças retributiva e distributiva e os conceitos nelas envolvidos variam de acordo com a idade. Para uma criança novinha, o que está bem ou mal se relaciona com o que os mais velhos disseram. O sentido da justiça é retributivo. No caso de um adolescente, ele não aceita mais a submissão aos valores e regras dos adultos. Critica, discute e elabora ou reelabora valores e regras. A equidade é reivindicada como princípio de justiça distributiva.

Para explicar o progresso no juízo moral, Piaget evoca ao mesmo tempo o avanço intelectual da criança e o papel da interação social com outras crianças. Os pares, companheiros de idade, oferecem oportunidades de experimentar a reciprocidade, um dos elementos básicos da justiça. As relações com o adulto estão baseadas geralmente na autoridade e na coação, uma vez que o adulto pode dar ordens e pode sancionar ou premiar a conduta da criança.

Do seu lado, a criança tende a buscar a aprovação do adulto e evitar o castigo. Segundo Piaget, as normas que provêm do adulto são sagradas para a criança pequena. Isto é, não devem ser alteradas: o bom é obedecer. Quer dizer que as regras não são ainda elaboradas pela própria criança, e sim exteriores e impostas de fora. A moralidade infantil desse tipo, fundada no respeito unilateral da criança para com o adulto, foi chamada por Piaget de *moral heterônoma*. Ela depende da autoridade do adulto e da pressão que ele exerce sobre a consciência da criança. A *moral heterônoma* e a coação adulta caracterizam um estado que Piaget chama de *realismo moral*. Segundo o *realismo moral*, as obrigações e os valores estão determinados pela norma independentemente do contexto e das intenções. Essa moral primitiva, dominante até os 7/8 anos, está fundada numa relação assimétrica entre a criança e o adulto. Piaget fala em respeito unilateral. Paralelamente a essa moral existe outra, no começo quase que inexistente, mas que, progressivamente, se desenvolve e substitui a primeira quando a criança chega na adolescência. Trata-se da moral da autonomia e da reciprocidade.

Assim, a *moral heterônoma* opõe-se à *moral autônoma*, fundada no respeito mútuo entre os indivíduos e na reciprocidade. A *moral autônoma* supõe uma interiorização das normas junto com uma crescente capacidade para refletir sobre elas e discuti-las. Os sujeitos podem não estar de acordo com elas, em nome de princípios gerais como a justiça. Para chegar neste tipo de moral é necessário que a criança possa considerar simultaneamente as diferentes perspectivas de uma situação e, em especial, seus aspectos subjetivos. Mas essa capacidade cognitiva pode não dar lugar à autonomia se a criança não teve oportunidade de praticar a reciprocidade e a cooperação e de perceber a justiça ou a injustiça de determinadas ações ou decisões. O respeito à regra fundamenta-se numa reflexão pessoal sobre os objetivos morais e não implica uma submissão à autoridade do adulto. O sujeito considera o espírito da regra e a responsabilidade torna-se subjetiva.

A evolução em direção a essa moral é possível graças a um conjunto de fatores. O desenvolvimento intelectual vai permitir a descentração, o que ajuda a levar em conta o ponto de vista e as intenções do outro. A descentração cognitiva é facilitada pelo desenvolvimento de relações entre a criança e seus pares, com quem ela mantém uma relação de igualdade, e não-assimétrica. Dessa forma, as trocas fundam-se na reciprocidade, isto é, cada um pode se colocar no lugar do outro, o que leva ao estabelecimento de sentimentos de solidariedade. Com o tempo, a criança, interagindo com outras crianças da sua idade, pode progressivamente fugir do controle do adulto e, assim, graças às novas experiências, chega a perceber que a opinião dos pais, por exemplo, não é a única possível e que outros adultos podem ter opiniões diferentes. Isto leva a criança a se interrogar a propósito das regras familiares e a não aceitá-las tais como são.

Dessa maneira constrói-se a moral da autonomia e do respeito mútuo. Moral da autonomia, porque se funda numa reflexão ativa do sujeito, e não na submissão passiva, heterônoma, com relação ao adulto. Moral do respeito mútuo, porque a criança a desenvolve por meio de relações igualitárias que mantém com os companheiros da mesma idade. A criança desenvolve relações sociais caracterizadas pela cooperação. O modelo da evolução moral de Piaget é normativo, porque a evolução está necessariamente orientada num sentido e porque essa orientação corresponde a uma moral que é melhor do que a precedente. A moral da autonomia e da reciprocidade tem por referência um modelo regulador que caracteriza as relações igualitárias próprias dos sistemas democráticos, que implicam a participação ativa dos sujeitos. Essa moral é universal, porque se funda em princípios válidos em qualquer lugar, e ao mesmo tempo é individual, porque a responsabilidade, ainda quando se desenvolve graças às relações sociais, é resultante de um processo individual. Assim, a reflexão pessoal e a autonomia da consciência estão no centro da concepção moral de Piaget.

E NA ESCOLA?

Essas diferentes concepções levam Piaget a apoiar as idéias da Escola Nova, que propõe que as crianças trabalhem em grupos relativamente autônomos, e a denunciar a pedagogia tradicional, fundada na submissão ao professor e na acumulação passiva de conhecimentos.

Para favorecer a passagem de uma *moral da obrigação* (coação) ou *moral heterônoma*, a uma *moral da reciprocidade* ou *moral autônoma*, é necessária a cooperação. Por esse motivo, a aula e a escola devem se tornar uma sociedade de livre cooperação. Se ficarmos com a moral da autoridade, da regra, do dever, impediremos o acesso à autonomia moral e manteremos a criança no realismo moral. Piaget sustentou a idéia da necessidade de uma escola democrática, fundada na cooperação e na interação entre iguais, fonte da autonomia moral e intelectual.

Um psicólogo piagetiano diria, do ponto de vista pedagógico, que o professor deve favorecer a liberdade na atividade do sujeito, escolher situações que possam suscitar problemas, aceitar que as aquisições sejam menos dirigidas de fora, discutir com a turma as situações-problema, confrontar as análises e os pontos de vista. O professor acompanha a criança no seu desenvolvimento.

Não é novo, então, dizer que existe um vínculo entre a disciplina na sala de aula e o juízo moral. Toda moral precisa de disciplina, mas nem toda disciplina é moral. Não poderíamos, por exemplo, ver uma relação entre pedir às crianças silêncio absoluto durante todas as horas de aula e a moral. Por outro lado, atos de indisciplina podem ter legitimidade moral. Exemplo: revoltar-se contra uma injustiça. Por esse motivo, todo ato de indisciplina deveria ser julgado em função da razão desse ato. Em primeiro lugar, é preciso ver qual é o princípio subjacente na regra, porque, se não for de justiça, a regra seria imoral e a indisciplina, isto é, a desobediência à regra, um sinal de autonomia. Além do mais, a situação é diferente quando as regras são impostas de fora, de maneira coercitiva, e quando elas são estabelecidas com base em princípios democráticos. Se a regra é imposta de forma autoritária, o sujeito pode não se sentir obrigado a cumpri-la e a indisciplina pode ser vista como uma manifestação de protesto com relação à autoridade. Por outro lado, não se podem exigir as mesmas condutas e a mesma compreensão a uma criança de 7 anos e a um adolescente de 14.

Assim, o não cumprimento das regras dentro da escola é uma conduta, uma manifestação exterior e, para entender seu significado, é preciso analisar com cuidado levando em conta o contexto geral social e cognitivo no qual aparece. Uma mesma conduta pode ter um significado diferente em função do contexto no qual está inserida. Duas condutas diferentes podem ter a mesma significação. O estudo dos argumentos e justificações da conduta ajuda, como mostrou Piaget, a entender o sentido da conduta. Por exemplo, pode-se rejeitar a mentira com argumentos diferentes: a mentira é má porque rompe o acordo de confiança estabelecido entre as pessoas, ou é feio mentir porque, se alguém descobrir, pega mal.

Tanto a disciplina quanto a moral colocam o problema da relação do indivíduo com um conjunto de normas. Muitas vezes, como já vimos, os atos de indisciplina traduzem-se na falta de respeito para com o outro. Esse aspecto preocupa muito os professores, porque muitas vezes não são tratados dignamente pelos alunos e a indisciplina é vivida por eles como terrivelmente humilhante, uma das maiores dificuldades no trabalho escolar.

O filósofo francês Defrance escreveu, em 2003, um texto interessante que gostaria de citar aqui: "Como entrar na aula? Não escolhi meus alunos, eles também não me escolheram, nem se escolheram uns aos outros. Exatamente como os passageiros de um ônibus não escolheram o motorista e se eles estão juntos é por uma série de causas diversas... poderíamos dizer que o passageiro escolhe utilizar o ônibus e seu itinerário, ao contrário dos alunos, que são levados à escola aos 3 anos sem que seja-lhes perguntado sobre sua opinião e, na maior parte do tempo, mais do que decidir sobre a orientação do que ali fazem, devem aceitá-la.".

Mas aula e escola são instituições e não associações. Por esse motivo, as regras e os procedimentos que se escolhem são os que condicionam a eficácia do seu funcionamento, que não depende tão-somente do desejo dos atores da instituição. O equilíbrio da aula não se deve às qualidades psicológicas do professor (a autoridade natural, o humor, a facilidade que tem em se relacionar etc). A aula é formada por um grupo de pessoas que se reúnem para adquirir capacidades cognitivas variadas e complexas. Como diz Defrance, se o professor se impõe, o aluno aprenderá a se submeter e não a obedecer à lei. Por essa razão, conceber o exercício da autoridade na sala de aula como imposição de um poder pessoal destrói a possibilidade de aceder à compreensão racional da lógica da lei.

Tradicionalmente, a maneira de erradicar a indisciplina é a repressão, que não traz os resultados esperados. Uma forma atual, adotada por muitas instituições que querem romper com essa postura autoritária, é deixar os alunos livres para decidir tudo e deixá-los fazer o que eles pensam que é correto sem discutir com o professor nem com seus companheiros. É fácil imaginar que esses métodos favorecem os estados de anomia.

Romper com essa dicotomia só é possível a partir de relações de respeito mútuo e reciprocidade, que modifiquem a visão sobre o papel que as regras devem ter nas instituições. O ponto de vista de Piaget e suas investigações ajudam a compreender este problema. Piaget afirma que os valores morais se constroem a partir da interação do sujeito com os diversos ambientes sociais que freqüenta. A criança constrói seus valores, princípios e normas morais por meio da ação e do convívio com os outros, com as situações escolares e familiares. A relação entre indivíduos precisa da emergência de regras para garantir a convivência. Para Piaget, o importante não é a regra em si, e sim a razão pela qual a respeitamos. Assim, uma pessoa pode não roubar por medo de ser pega ou porque os objetos não lhe pertencem. Apesar de se tratar do mesmo ato, não roubar, as motivações são diferentes. Para Piaget, o valor moral de uma ação não reside na obediência à regra, mas ao princípio que está por trás de cada ação. "Toda moral consiste num sistema de regras, e a essência de toda moralidade deve ser procurada no respeito que o indivíduo adquire por essas regras", diz.

Assim, nem a consciência moral nem a consciência intelectual vêm formadas antes de nascer, mas se elaboram pela interação com o meio social. Digamos mais uma vez que Piaget diferencia três níveis de desenvolvimento moral. No primeiro, o indivíduo não sabe o que significa obedecer a regras sociais, este é o nível de pré-moralidade ou de anomia. No segundo nível, que é o da heteronomia ou realismo moral, há uma relação de submissão ao poder, isto é, obedece-se a uma pessoa que se supõe que possui a autoridade. E no terceiro nível, que é o da autonomia moral, o sentimento de obediência à norma fundamenta-se na troca mútua e na reciprocidade. O indivíduo moralmente autônomo segue um código de ética interno. A fonte das regras está no próprio indivíduo.

As diferentes investigações sobre a disciplina e a indisciplina na escola dão uma importância especial à função da regra para manter um bom clima disciplinado (Ver Estrela, 1994).

Na sua dimensão social, as regras são meios de regular as relações entre os membros de uma coletividade. Toda sociedade dá a si própria regras que delimitam a fronteira do lícito e do ilícito. Essas regras refletem normas e convenções sociais e podem ser mais ou menos explícitas, mais ou menos institucionalizadas.

Na sua dimensão jurídica, a regra do direito é uma norma codificada que regulamenta a conduta dos indivíduos na sociedade.

Num sentido amplo, o direito é um sistema de normas coletivas que diferem de uma cultura para outra. Numa sociedade democrática, o conjunto de regras que constituem o direito apóia-se nos princípios relativos ao direito institucional dos direitos humanos. O princípio de base é a igualdade na dignidade e em direitos de todos os seres humanos. O direito está se redefinindo permanentemente e é questionado pelo desenvolvimento de saberes e pela evolução de práticas sociais.

Toda regra vem acompanhada de uma sanção em caso de transgressão. A sanção pode ser entendida como uma medida para normalizar e submeter (sujeitar à obediência), para que se respeite a regra ou como tendo uma função educativa e autorizando o diálogo. No primeiro caso, a sanção conduz à subordinação do sujeito. No segundo, aponta a permitir que o aluno encontre seu lugar no grupo. Essas duas maneiras de ver a sanção ilustram o que Piaget chama de respeito unilateral e respeito mútuo. O respeito unilateral é o da criança pelo adulto que impõe regras para que a criança as cumpra. O respeito mútuo é o respeito de convenções entre indivíduos iguais em direitos. Não necessita limite externo nenhum e caracteriza-se por uma relação social de cooperação. O respeito unilateral produz a heteronomia ou uma moral do dever, o respeito mútuo produz a autonomia.

O que conduz os alunos a rejeitar o respeito às regras? A indisciplina é, muitas vezes, uma resposta ao estilo de ensino arbitrário e autoritário do professor. Muitos estudos mostram que o desrespeito às regras aparece quando o professor utiliza medidas de castigo duras ou arbitrárias.

Quando as regras não são explicitadas e são incoerentes, os alunos elaboram diferentes estratégias para contornar a lei e ficar dentro do sistema. O desrespeito às regras termina em indisciplina ou violência, e, para prevenir, preconiza-se a participação dos alunos na elaboração de regras.

Cada vez mais pede-se para a escola reforçar o laço social por meio da educação para a cidadania. Dessa maneira, a escola não foge do problema da aprendizagem de regras para o convívio. Podemos dizer, junto com Durkheim, que a escola pode ser considerada como a instituição por meio da qual se transmitem as normas e valores da sociedade de geração em geração. Porém, como diz Dewey, a escola pode ser considerada também como o lugar onde se constrói a futura sociedade, pela análise crítica da sociedade presente. A escola não seria, então, o reflexo da sociedade, e sim o reflexo da sociedade tal como ela deveria ser. A cada uma dessas concepções sobre o papel da escola correspondem diferentes teorias da aprendizagem que são representadas, em suas formas mais extremadas, pelo behaviorismo e pelo cognitivismo. No primeiro caso, os indivíduos adaptam sua conduta às exigências do meio. No segundo, o aluno é ator de sua aprendizagem, a conduta não é adaptação ao meio, mas sim o resultado de um processo interativo de construção desse meio.

Toda educação para a cidadania é normativa e necessita da existência de um código normativo, de uma linguagem comum que permita regulamentar as situações cotidianas. Esse código normativo pode ser visto de formas diferentes segundo a finalidade perseguida na educação. Podemos diferenciar duas maneiras de ver a relação do indivíduo com as instituições: espera-se que ele seja autônomo ou dependente da coletividade representada pelas instituições, isto é, heterônomo? A que tipo de cidadão se aspira?

Numa sociedade em crise, a escola deveria analisar de maneira crítica os marcos que a guiaram até agora e não funcionam mais, estimulando a procura de novos sentidos. Por isso, a escola não pode se contentar, como faz a escola tradicional, em transmitir saberes parcelados de disciplinas fechadas e também não pode inculcar valores e normas que todos criticam.

Nesse contexto, podemos criticar os enfoques que colocam o aluno num papel passivo e limitam a educação a uma correção da distância entre o que o aluno sabe e o que deveria saber. Numa sociedade em que a aceleração da mudança vem acompanhada por uma proliferação de referenciais possíveis, trata-se não de preparar os alunos para se integrar a uma sociedade que não sabe o que será, senão, como diz o sociólogo francês Crozier, de dar a eles a capacidade para responder aos desafios. Nessa perspectiva, a educação para a cidadania associa-se à construção de um conjunto de conhecimentos e conceitos e se alicerça em valores democráticos. Essa educação fundamenta-se no respeito à liberdade de opinião e de expressão, no debate democrático, no desenvolvimento da autonomia e do espírito crítico.

A indisciplina implica conflitos, como veremos no capítulo "Os remédios contra a indisciplina: prevenir e curar". Esses conflitos devem ser solucionados levando em conta os pontos de vista diferentes. Mas, antes de chegar ali, vamos colocar o problema das causas da indisciplina, tema do próximo capítulo.

Em síntese

• Toda sociedade tem um conjunto de regras que permite a convivência entre os indivíduos.

• A disciplina responde a um sistema de normas ou regras que uma organização social dá a si própria. Se essa organização apresenta problemas, as regras podem ser redefinidas.

• A psicologia nos ajuda a entender como as crianças constroem as regras. Por causa desse conhecimento, o adulto pode favorecer o desenvolvimento moral das crianças.

• Nas crianças, coexistem dois tipos de moral: a heterônoma, resultado da pressão adulta e predominante nas mais novas, e a autônoma, que se adquire progressivamente e é gerada pela troca entre iguais.

• A disciplina autônoma é possível somente em uma escola que permita a iniciativa e a criatividade das crianças.

• As sanções por reciprocidade favorecem a descentração, ou seja, a possibilidade de a criança se colocar no ponto de vista do outro. Assim se criam espaços para discussão e isso é fundamental para a construção de um sujeito autônomo.

• As relações de cooperação favorecem a consciência do respeito mútuo e da igualdade, princípios fundadores da moral autônoma e que não dependem de castigo nem do que prescreve a autoridade.

• Uma escola democrática é uma escola que favorece a cooperação e a interação entre iguais, fonte de autonomia moral e intelectual.

Causas da indisciplina

A indisciplina na escola aumentou na atualidade e não há apenas uma causa única ou principal para isso. A indisciplina, como dissemos, está associada a normas e regras sociais e morais. A massificação fez com que alunos de diferentes culturas freqüentassem a escola. Por isso, a causa da indisciplina poderia ser atribuída ao fato de normas, referências, maneiras de ser e costumes possuírem aspectos diferentes de uma cultura para outra e de os alunos não conhecerem as normas da cultura do professor. Além do mais, no interior de uma mesma cultura, a sociedade também mudou e os pais tornaram-se menos autoritários e mais permissivos. Isso poderia ser visto como outra causa da indisciplina. Por outro lado, a má interpretação do que seja a permissividade, assim como do que significa a presença ou ausência de limites, geram condutas difíceis de controlar.

As causas para a indisciplina podem ter origem externa ou interna à escola. As causas externas podem ser vistas na relativa influência dos meios de comunicação, na violência social e também no ambiente familiar. O divórcio, a droga, o desemprego, a pobreza, a moradia inadequada, a ausência de valores, a anomia familiar, a desistência por parte de alguns pais de educar seus filhos, a permissividade sem limites, a violência doméstica e a agressividade de alguns pais com os professores podem estar na raiz do problema.

As diferenças entre os valores da sociedade neoliberal e de consumo (a resolução imediata, o prazer, o *zapping*, a competição etc.) e os valores que a escola considera importantes (esforço, abnegação, prazer diferido etc.) implicam contradições que podem levar à indisciplina. Enfim, a falta de referências numa sociedade individualista, a perda do sentido da regra e a perda do sentido da obrigação são fatores que podem explicar a indisciplina. Os meios de comunicação contribuem também para o aumento da indisciplina porque, permanentemente, põem em evidência pessoas ou instituições reconhecidas socialmente que não respeitam as regras. Por que respeitá-las? Por outro lado, devemos falar da ocupação dos cérebros infantis pelo mundo audiovisual e a competição da escola com a TV, internet, celulares. Os meios audiovisuais, que constituem o mundo do fácil, do imediato e do consumo, deixam a escola em segundo plano, já que ela exige esforço. É evidente que a escola pode competir com o mundo audiovisual. Para isso, poderia aproveitar esses recursos, mas de outra maneira. A escola poderia também utilizar outros recursos metodológicos atraentes e aceitos pelos alunos, tais como o ensino em laboratório. Veremos esses aspectos no próximo capítulo.

As causas internas podem ser vistas no ambiente escolar e nas condições de ensino-aprendizagem, na relação professor/aluno, no perfil dos alunos e na capacidade que eles têm de se adaptar aos esquemas da escola. A falta de motivação no aluno, a ausência de regras que permitam uma distribuição eqüitativa da comunicação, a falta de consideração com os ritmos biológicos das crianças e a falta de autoridade do professor são, todas elas, causas de indisciplina.

Para enfrentar o problema da autoridade na aula, o professor pode seguir um registro preventivo ou repressivo. No primeiro, fará uso de diferentes condutas, tais como repetir as regras da aula para que as crianças tenham sempre presentes as exigências pedidas, motivá-las, justificar as regras de ordem, fazer uma organização espacial da aula para distribuir as diferentes tarefas, delegar alguns dos seus poderes a um ou vários alunos etc. No caso em que seu registro seja repressivo, poderá elevar o tom de voz, vigiar constantemente as crianças, ameaçá-las, castigá-las, sobrecarregá-las de trabalho etc.

O aprendizado da disciplina e da conseqüente civilidade pode tomar formas diferentes. Pode ser o objeto de um ensino específico dentro da Educação Moral e Cívica, ou pode ser realizado por meio do convívio. A missão da escola é a de ensinar alguma coisa aos alunos e fazer todo o possível para que tenham sucesso. A problemática da educação é fundamental. Todo professor enfrenta o seguinte dilema: sem pautas de conduta claras e precisas, uma sociedade ou uma instituição não podem funcionar. Como fazer para estabelecer essas pautas se a sociedade não as possui, as famílias não as ensinam e os docentes, muitas vezes, não sabem atuar? Por isso, uma das perguntas mais freqüentes que o professor se faz na aula é: e agora, o que devo fazer? Com relação à idéia de civilidade, o que surpreende é que a escola deve promover a civilidade e, ao mesmo tempo, se coloca na posição de pedi-la.

Em Genebra, os problemas de indisciplina são tão importantes que recentemente se criou um contrato de boas maneiras para os alunos do ensino médio. Do que se trata? De respeitar as regras básicas de vida em comum na escola: chegar no horário, não faltar, ser amável, respeitar o próximo, respeitar o regulamento, desligar o celular durante a aula, ter sempre o material escolar necessário etc. Pede-se que os pais participem das reuniões escolares, que controlem o respeito de seus filhos pelo regulamento e que verifiquem se eles fazem a lição de casa. Por seu lado, a escola compromete-se a assumir a tarefa do ensino. O conselho de disciplina pronuncia as sanções que podem ser severas quando um aluno é excluído do estabelecimento.

Se os problemas de indisciplina têm a ver com métodos psicopedagógicos, eles dependem também do lugar que a escola ocupa na sociedade. Dentro dessa multiplicidade de causas, alguns estudos diferenciam os motivos estruturais, isto é, as inevitáveis fricções entre adultos e adolescentes, quando os primeiros tentam educar os segundos, e os motivos conjunturais, próprios do tempo atual. Muitos adultos afirmam que o comportamento dos estudantes de hoje é muito pior que o dos estudantes de dez anos atrás. Um dos motivos é que os jovens observam o mundo dos adultos e percebem que o que lhes espera quando terminarem os estudos é uma grande probabilidade de não encontrar trabalho ou de encontrar empregos mal pagos. Assim, perdem o gosto pelo esforço e perdem também a alegria que proporciona ver uma obra concluída.

É evidente que a disciplina não é um fenômeno atemporal e suas causas podem também variar. Alexandra Draxler, especialista da Unesco na área de educação, vê a indisciplina como contrapartida do enorme avanço dos direitos dos indivíduos, da democratização generalizada da vida pública nos últimos trinta anos. Antes, os alunos violentos ficavam na rua ou eram expulsos, e nas salas de aula reinava uma calma olímpica, porque a repressão era tão severa que os alunos não se atreviam a transgredir as normas.

Além do mais, o sistema escolar hoje acolhe um público que antes não acolhia, como já vimos, e por esse motivo há certas regras implícitas que deixam de funcionar. Os estudantes carecem dessa pré-socialização que tinham seus antecessores e isso se reflete na sua conduta. Na realidade, a escola não está isolada da sociedade. Ao contrário, ela reproduz os problemas da sociedade em escala reduzida: falta de comunicação, pobreza, marginalização, intolerância, perda de valores, fatores todos que desembocam numa espécie de analfabetismo emocional, como diz o professor de psicologia da educação García Correa em um artigo de 1998. Segundo o autor, os sistemas educativos têm se preocupado mais em criar cabeças repletas de conhecimentos que em criar cabeças bem feitas. Investigou-se muito sobre o rendimento acadêmico dos alunos e sobre como melhorá-lo, e muito pouco se investigou sobre o desenvolvimento sócio-emocional. Por esse motivo, os alunos sabem mais, mas se comportam pior.

A transformação dos sistemas educativos relaciona-se com a conduta dos alunos. Passou-se bruscamente de um regime baseado em proibições e sanções para um sistema de conveniência, no qual se privilegia o contrato entre os membros do sistema educativo. Mas não se aprendeu ainda como aplicar esse novo sistema. Voltar para o autoritarismo não é a forma de voltar para a disciplina. Fomentar o diálogo, as atitudes de cooperação e a integração de valores pode ser um caminho. O professor, como veremos, deve atuar como mediador, mas, para isso, deve estar capacitado. Se é verdade que o professor deixou de ser um modelo a ser seguido e a escola já não é garantia de ascensão social, os dois seguem sendo, junto com a família, uma referência indiscutível para promover e desenvolver valores humanos nos jovens. Nesse sentido, muitos profissionais lamentam a pouca colaboração dos pais, que só se interessam nas notas e na aprovação das crianças para o curso seguinte.

No entanto, o professor está cada vez menos sozinho ante o perigo. Tanto os diferentes autores como a maioria dos professores concordam em dizer que quanto mais recursos estiverem à disposição da escola, menores serão os problemas. Aumentá-los permite reforçar o corpo de professores, limitar o número de alunos por turma, estabelecer um bom sistema de tutorias, aumentar o pessoal auxiliar, incorporar figuras tais como a do psicólogo, do assistente social, do monitor etc. Por último, os professores concordam cada vez mais em dizer que a solução não está em castigar, expulsar os alunos ou enviá-los à sala do diretor. O civismo e a convivência não são valores que podem ser conseguidos num dia só. Surgirão do esforço cotidiano de todos: autoridades, comunidade educativa, pais e dos próprios interessados, os alunos! Do reconhecimento desse fato depende a formação integral, acadêmica e social das futuras gerações.

Muitas são as crianças que não gostam da escola. São crianças indisciplinadas porque ficam entediadas, porque são obrigadas a permanecer na escola e não compreendem nada do que fazem; são alunos agressivos, às vezes, por serem rejeitados por um sistema que não se adapta aos seus desejos, alunos em trânsito entre uma família desunida e uma sociedade em crise, alunos desrespeitosos para com o professor e para com o saber, sem encontrar interesse nenhum em aprender, alunos que estão em ruptura de sentido.

João, por exemplo, um repetente, está no fundo da sala, balança-se numa cadeira. Mas está presente, o que já é uma vitória. Esse aluno tem uma falta a cada três dias. Os pais, avisados, não reagem. Pedro nunca vai à escola com o material, é agressivo e mais velho que a maioria dos seus companheiros; ele manifesta uma indiferença provocadora em relação ao curso dado pelo professor. Um dia, os alunos estão numa aula de redação. Esse trabalho escrito é a conclusão de um texto lido na sala e permitirá verificar se os alunos o leram. João não faz nada e sua mochila está sobre a carteira, apenas aberta. A sala em silêncio. O professor pede para ele trabalhar, primeiro de forma firme e não agressiva, depois de maneira mais autoritária e ameaçadora. João puxa uma folha e uma caneta, mais por cansaço que por medo. Parece pensar, mesmo não escrevendo. O que fazer se não entregar nada? O professor pode se sentir atacado pela conduta desse aluno que aparentemente zomba dele. Porém, vai descobrir mais tarde que não é ele que está sendo atacado, mas o que ele representa enquanto professor: a lei. Por esse motivo, muitas vezes é necessário tomar distância ante a rejeição que os alunos manifestam. Se João não faz a redação é porque está rejeitando esse saber, pois sua relação com o saber é muito conflituosa. No final da aula, João não entregou nada ao professor. Foi castigado. É dito para ele que deve ficar depois da aula para fazer a lição, mas ele não faz. Qual a atitude diante desse caso? Em primeiro lugar, adotar uma postura compreensiva e se interrogar sobre a origem do problema. Quem é seu sujeito? Qual é seu contexto histórico-social?

Como dissemos, a massificação faz com que uma maior quantidade de alunos entre no ensino médio. Muitos não têm os referenciais necessários e ignoram as regras elementares da cultura escolar.

Por outro lado, existe uma distância cada vez maior entre o que se exige e o que se pode esperar. A promessa de emprego, por exemplo, que a escola dava no passado, não é possível de se imaginar na escola atual. Essa ausência de garantia permite duvidar da eficácia escolar e dos saberes que ela proporciona.

O efeito da crise econômica faz com que algumas famílias se encontrem diante de tantas dificuldades que não podem assumir qualquer tipo de tarefa educativa. Muitas crianças chegam à escola com uma conduta indisciplinada bem estruturada e com uma percepção negativa de toda forma de autoridade. Essas crianças, ainda pequenas, já aprenderam a adotar modelos de oposição perante as exigências dos pais. Em algumas famílias em que se somam dificuldades materiais e sentimento de desvalorização, os pais dão total liberdade para as crianças que se integram mal na escola.

VIOLÊNCIA, INDISCIPLINA, TELEVISÃO E LINGUAGEM

Um problema importante é o da televisão.

Os modelos não se aprendem por meio de palavras, mas por meio de ações. Isto é, a criança não aprende o que se diz para fazer, senão o que observa. Além de observar as condutas, observa suas conseqüências. Se a criança está numa sociedade em que o adulto é violento e agressivo e isto não é castigado, então a criança aprende a ser desta forma: eu me comporto assim e não tenho qualquer castigo.

Numa sociedade organizada democraticamente, a criança conta com uma diversidade de modelos que lhe permitem se identificar com diferentes aspectos da realidade. Os meios televisivos não são agressivos em si, mas expressam e são espelho de aspectos agressivos de uma sociedade. Há diferentes estudos mostrando que a TV não gera, diretamente, a violência, mas coloca o sujeito na situação de insensibilidade perante a violência. E isso é perigoso.

A criança adquire o costume de ver cenas violentas e, quando há uma situação de violência, ela não a estranha porque passou a ser algo cotidiano e habitual. Na realidade, o fato de provocar insensibilidade perante a violência é uma forma de gerar violência.

Mas além da questão da violência, outro problema importante é que, com a televisão, a família perde espaço no que se refere à transmissão cultural entre as gerações. A TV assume a função de educação no lugar dos pais. Esse tempo roubado dos pais pela televisão produz problemas relacionados com o desabamento do universo simbólico e psíquico das crianças.

O universo simbólico tem relação com a capacidade essencial do ser humano de poder falar (eu, agora) a um outro (co-presente) sobre outro ou sobre algo, isto é, qualquer um ou qualquer coisa pode se reapresentar. Esses pontos de referência simbólicos permitem a diferenciação entre o eu e o outro, o aqui e o ali, o antes e o depois, a presença e a ausência. Esse sistema é transmitido por meio do discurso. Os pais dirigem-se às crianças. Falar é transmitir relatos, crenças, nomes próprios, rituais, obrigações, saberes, relações sociais etc. E, além do mais, e sobretudo, é transmitir a palavra, é passar de uma geração para a outra a aptidão humana de falar, de tal maneira que aquele a quem nos dirigirmos possa se identificar no tempo (agora) e no espaço (aqui) como ele mesmo (eu) e, a partir desses marcos de referência, convocar no seu discurso o resto do mundo. E é essa transmissão do discurso de geração para geração que a televisão está colocando em perigo.

Assim, a televisão não apenas não tem como suprir as falhas da simbolização, como pode interferir no acesso a ela. São essas crianças, que alguns chamam de *crianças da TV*, que encontramos na escola. Elas não escutam mais porque têm dificuldades para se integrar no fio do discurso que distribui alternativamente cada um no seu lugar: aquele que fala, aquele que escuta. Não podem entrar no discurso que na escola permite a um (o professor) falar proposições fundadas na razão, isto é, um saber acumulado pelas gerações anteriores e constantemente reatualizado, e a outro (o aluno) discutir o que tiver de ser discutido. Dessa forma, a televisão converte-se em causa de indisciplina.

Algumas reformas pedagógicas defendem que o professor não devia mais ensinar. Por isso, está se dizendo que não há mais alunos. Se não há mais alunos, para que haveria professores? O modelo proposto por muitos novos especialistas em pedagogia é aquele do *talk show* da TV, no qual cada um pode dar sua opinião democraticamente. Nessa situação já não há mais espaço crítico que permita a um aluno deixar de lado seu próprio ponto de vista para aceder a outras proposições construídas de um modo melhor. O professor leva o aluno a uma função acrítica e, dessa forma, perde-se o sentido das coisas e aparece uma escola que produz um indivíduo flutuante, aberto a todas as pressões do consumismo e sem senso crítico. Esse sujeito já não sabe discriminar o que é importante e o que é secundário e poderá admitir, sem perceber, uma coisa e seu contrário. A lógica não funciona. Existe toda uma corrente pedagógica que, em lugar de ensinar as crianças e os jovens a pensar, os distrai, os estimula a contar suas vidas.

Trata-se de mostrar que não há nada em que pensar, não há objeto do pensamento, tudo estaria na afirmação de si e numa gestão relacional dessa afirmação que deveria ser defendida, como todo bom consumidor deve fazer. As instituições escolares recebem, assim, indivíduos flutuantes, cuja preocupação por saber é acessória. E a instituição transforma-se num tipo de ambiente que mais parece um parque de atrações escolares que não exclui zonas residuais de produção e reprodução do saber. Nesse contexto, a televisão e a escola atual fabricam um indivíduo que não possui um sentido crítico e adquire uma identidade flutuante.

Enquanto isso, a formação e reprodução das elites ficam sob responsabilidade das grandes escolas, semelhantes às melhores escolas e universidades privadas dos Estados Unidos, onde se deve pagar por uma escolaridade bem cara! Essa formação que continua funcionando com um modelo crítico não tem nada a ver com os problemas pedagógicos das escolas freqüentadas pela maioria dos alunos.

Causas da indisciplina, escola e prática docente

A indisciplina é o ponto de chegada de um processo contraditório, é a expressão da distância simbólica e cultural entre dois universos que tendem a se opor. O resultado é que muitos alunos se entediam na escola e não conseguem se apaixonar pelas atividades que lhes são propostas. Esse tédio pode gerar indisciplina. Para evitar o problema, a avaliação formativa e as modalidades de diferenciação pedagógica deveriam fazer parte da formação de professores.

Muitos alunos confundem normatividade e normalização. Aceitar a normatividade de uma disciplina significa se submeter a uma característica que, uma vez aceita, dá poder e liberta. É aceitando as regras constitutivas do saber biológico, por exemplo, que o mundo dos seres vivos se torna familiar e pode chegar a apaixonar. Não se trata de incorporar informações sem saber por quê, mas sim conhecer as bases (normas) de uma disciplina para poder raciocinar. O que se aprende pode, então, ligar-se a outros conhecimentos de outras disciplinas. Nesse momento é possível aprofundar o conhecimento daquela disciplina, no caso, a biologia. O poder de pensar e fazer conexões com outras áreas do saber e no interior da própria disciplina envolve a criatividade do aluno e pode levá-lo a se apaixonar pelo que está estudando.

Para alguns alunos, submeter-se à normatividade de uma disciplina significa submeter-se à tarefa de normalização do professor, isto é, ao seu poder. É necessário que o aluno entenda que as normas sociais podem ser revisadas e que são necessárias à vida social. Sua natureza é diferente da natureza das normas simbólicas que estruturam os diferentes campos do saber. O professor é o elemento central para que os alunos cheguem a compreender essa diferença. Nas sociedades pós-modernas há uma crise da função simbólica. A falta de marcos referenciais, a diminuição do sentido do proibido e a perda dos efeitos estruturantes da obrigação compõem os aspectos dessa crise da função simbólica. O aumento da independência social do indivíduo e a diminuição da capacidade subjetiva de auto-obrigação formam as fontes permanentes de conflito.

A escola não pode compensar todos os déficits de um projeto político. Há diferentes níveis de resposta. Um nível nacional e político e um nível local que é o da aula e da escola. O que pode ser feito nesse nível local, que é o interesse do professor no seu trabalho cotidiano? A indisciplina pode ser explicada por razões sociais, sócio-familiares, problemas cognitivos e também por fatores situacionais e contextuais menos espetaculares. Por exemplo, a utilização excessiva de ordens e prescrições é sinal de má conduta na turma porque um tal funcionamento gera mais tensões e desordem. A gestão da aula deveria se guiar por um princípio de moderação. Trata-se de entender que a conduta de uma turma é um exercício que precisa de um saber prático que não podemos menosprezar. Assim, recorrer a indicadores não verbais, por exemplo, colocar o dedo diante da boca para pedir silêncio, transmite rapidamente uma mensagem; uma expressão do rosto ou um simples contato visual podem mostrar para um aluno que ele foi visto e que deve acabar com sua conduta perturbadora.

A vantagem desses indicadores é que permitem intervir sem interromper a atividade que os alunos estão fazendo. Suscitar o interesse, estimular e redirecionar as tarefas são intervenções importantes durante uma seqüência de trabalho. São detalhes que podem facilitar o retorno a um estado mais tranqüilo da turma.

Melhor que manter a ficção do *feeling* pedagógico ou da autoridade natural é mostrar a face relacional da profissão. Por exemplo, é mais eficaz se aproximar calmamente de um aluno e pedir para retomar seu trabalho que chamar a sua atenção em voz alta na frente de todos. O humor, que é diferente da ironia e do sarcasmo, é uma arma interessante para desativar certas crispações.

ONDE PROCURAR A CAUSA DA INDISCIPLINA?

Muitas vezes, pensa-se que o problema da indisciplina está no aluno, nas crianças. Essas crianças que, já no final do século XIX, foram identificadas como pertencendo a todas as categorias da marginalidade. Assim, fala-se dos ciumentos, dos violentos, dos mentirosos, dos idiotas, dos gagos, dos maus alunos, dos que roem as unhas, dos impulsivos, dos dóceis, dos viciosos, dos medrosos, dos simuladores e, claro, dos indisciplinados! Todas as crianças difíceis, com defeitos de caráter e agitações diversas; crianças que representam uma complicação para seus professores, pois estes não conseguem corrigi-las ou endireitá-las; crianças que, apesar dos golpes, resistem ao adulto que denuncia a anormalidade e as pune sem ao menos se perguntar como transformá-las.

Quando se pensa que o problema da disciplina é um problema do aluno, se diz que ele, por exemplo, falta com o respeito. O aluno de hoje seria menos respeitoso que o de ontem e a causa seria que a escola é permissiva demais em comparação com o rigor e a qualidade da escola de antes.

Quando se pensa fora de contexto, é fácil dizer que o que tínhamos antes era melhor. Mas, se contextualizamos o nosso pensamento, percebemos que as coisas não são assim tão simples. Antes, a escola era elitista e segregacionista. Hoje, a escolaridade obrigatória estendeu-se a mais de 6 e 7 anos. Antes, o funcionamento da escola era militarizado, havia que fazer fila, freqüentemente pedia-se o uso de um uniforme e tinha-se com todas as figuras escolares uma relação de medo e de pressão, o que mostra quão hierarquizado era o espírito da época. Essa escola funcionava com base no castigo e na ameaça. Se hoje vivemos uma época de abertura democrática, é normal que as relações na sala de aula mudem.

É verdade que é necessária uma relação de respeito para poder trabalhar. Mas há diferentes formas de respeito. Antes, o respeito do aluno era a submissão e obediência a um superior na hierarquia escolar. Hoje, o respeito ao professor não costuma ser resultado do medo ao castigo, mas da autoridade que ele possui como profissional. O professor de hoje não é aquele que deve fazer com que se cumpram as ordens, repressivo e castrador, mas o profissional com múltiplas e novas tarefas. Já não é mais aquele que instaura o silêncio, mas o que estimula a criança para o debate e a autonomia.

Como a mudança de representações só acontece lentamente, muitos profissionais continuam pensando que um bom aluno é aquele que permanece calado, imóvel e que é obediente. Por isso o castigo, a submissão e o medo continuam na sala de aula, só que de outra maneira. O professor pode ameaçar com provas difíceis e notas baixas. O que faz o aluno? Manifesta indisciplina.

Mas qual é realmente o sentido dessa conduta? Um déficit do aluno ou um sinal de que as relações na sala de aula devem ser mudadas, de que a relação professor/aluno deve ser diferente?

Outra hipótese para explicar a indisciplina é que a criança não tem limites, não reconhece a autoridade e não respeita as regras; e isso é uma responsabilidade dos pais porque eles foram muito permissivos. Aqui, a indisciplina é explicada por uma deficiência moral.

Enfim, diz-se também que, para os alunos, a aula não é tão interessante quanto a TV e por esse motivo haveria indisciplina. A solução seria utilizar recursos didáticos mais atraentes e assuntos mais interessantes e atuais. O problema é que a escola não é um meio de comunicação como os outros. Os meios de comunicação têm como objetivo a difusão da informação e o objetivo de um professor é que a criança adquira o conhecimento acumulado em certos campos do saber. Além do mais, o professor não é um animador de platéia e o aluno não é um espectador que escuta, mas um sujeito ativo, co-responsável e associado no contrato pedagógico.

Em síntese

As causas para o aumento da indisciplina na sala de aula se situam em diferentes níveis. Vamos a algumas delas:

• A massificação provoca a freqüência, na escola, por alunos de diferentes culturas. A causa da indisciplina poderia ser atribuída, então, ao fato de normas, referências, maneiras de ser e costumes serem diferentes de uma cultura para outra e os alunos não conhecerem as normas da cultura do professor.

• O julgamento negativo que um professor pode manifestar por um aluno faz com que ele se sinta desvalorizado e isso pode provocar indisciplina ou o tédio na escola.

• No interior de uma mesma cultura, o fato de os pais se tornaram menos autoritários e muito mais permissivos poderia, também, ser considerado como causa de indisciplina.

• As diferenças entre os valores da sociedade neoliberal e de consumo (a resolução imediata, o prazer, o zapping, a competitividade etc.) e os valores importantes para a escola (o esforço, a abnegação, o prazer diferido etc.) também geram indisciplina.

• A falta de referências numa sociedade individualista, a perda do sentido da regra e da obrigação contribuem para causar indisciplina.

• Os meios de comunicação também contribuem ao dar destaque a pessoas reconhecidas socialmente que não respeitam as regras.

• De forma geral, a indisciplina pode ser explicada por razões sociais, sócio-familiares, problemas cognitivos e fatores situacionais. A causa da indisciplina não está só no aluno, mas no fato de que as relações na sala de aula devem mudar, que a relação professor/aluno deve ser reavaliada.

• O ato indisciplinado não é um problema individual do aluno, mas revela algo sobre as instituições escolares atuais. Por isso, é preciso pensar ou repensar a aula, a relação professor/aluno e os problemas pedagógicos.

• Longe de ser um simples problema individual, a indisciplina deve ser considerada uma temática pedagógica. O professor ensina algo (conteúdo) de alguma forma (método) a alguém (aluno). Além de questionar-se sobre o que e como se ensina, é necessário considerar o aluno que se questiona para que se aprende.

• A disciplina não é um pré-requisito para a ação pedagógica, mas um dos efeitos do trabalho cotidiano na sala de aula. É na aula que se ensina, que se aprende, que surgem e se resolvem conflitos. Os papéis do professor e do aluno são diferentes. O âmbito de ação do professor é sempre pedagógico e as regras de convivência devem ser explicitadas, compartilhadas, negociadas, lembradas e transformadas quando necessário.

OS REMÉDIOS CONTRA A INDISCIPLINA: PREVENIR E CURAR

É possível combater a indisciplina?

Se levarmos em conta o desenvolvimento moral da criança e se adotarmos um enfoque construtivista tanto do ponto de vista psicológico quanto pedagógico, é possível imaginar uma escola onde o problema da disciplina diminua fortemente. Se quisermos combater a indisciplina, é importante que na sala de aula possam ser discutidos, de maneira democrática, não apenas os conteúdos escolares mas, também, as regras de convivência. Isto implica que as regras podem ser criadas, negociadas e renegociadas. E implica também permitir que os alunos falem pois isso mostra uma disposição em acreditar que eles são capazes de cooperar e se respeitar uns aos outros, e, ainda, que o professor pode respeitar seus alunos.

Só uma escola democrática poderá educar para a cooperação e o respeito mútuo. E a escola democrática, como veremos, é uma escola construtivista. Dessa maneira, dentro da aula o professor não deve ser o único que toma as decisões, mas, ao contrário, deve consultar e debater com os alunos. Veremos como o debate, assim como outros dispositivos, é uma ferramenta que nos permite trabalhar o problema da disciplina.

Educar não é dizer sim a todas as exigências das crianças, é fixar normas e supervisionar que sejam cumpridas. Nem a educação autoritária nem aquela em que tudo vale são a solução. Vale a pena lembrar a experiência já conhecida de Lewin, Lippit e White, realizada em 1939, que mostra a relação entre o tipo de líder, o clima social (autoritário ou *laissez faire*) e a eficiência de um grupo.

GRUPOS: AUTORITÁRIO, DEMOCRÁTICO E LAISSEZ FAIRE

Três grupos são dirigidos em função de três estilos diferentes, *autoritário, democrático* e *laissez faire*. No grupo *autoritário* existem muitas tensões, uma grande frustração e uma porcentagem elevada de agressão. Os participantes não se mostram satisfeitos e oscilam entre a apatia e a rebelião. A violência aparece na degradação do material produzido. No grupo *democrático* existem menos tensões, a agressividade não é grande e pode se expressar sem degradação e a satisfação é elevada. No grupo *laissez faire*, onde o professor deixa as crianças à vontade para agir como puderem, a tensão e a agressividade são elevadas e os participantes ficam frustrados e insatisfeitos pela ineficiência do grupo.

Os estudos dirigidos por Kurt Lewin e seus colaboradores identificam três tipos de líderes. O *líder autoritário* ou *autocrático* concentra todo o poder, é diretivo e controlador. As decisões com relação ao trabalho e à organização do grupo são tomadas unicamente por ele na medida em que as atividades vão evoluindo. Ele não justifica tais decisões nem as explicita. Os critérios de avaliação não são conhecidos. Quem depende do líder não é colaborador, mas um súdito que deve obedecer a suas ordens. Ninguém é informado nem consultado, mas sim vigiado e controlado. O líder permanece separado da vida do grupo e intervém apenas para direcionar o trabalho ou fazer demonstrações quando as crianças apresentam dificuldades. Utiliza um sistema de prêmios e castigos. Neste tipo de liderança valoriza-se a disciplina, a obediência ao líder e a eficiência.

O *líder democrático* ou *participativo* centra-se no grupo, fomenta a participação e a tomada de decisões. O poder reside no grupo e não no lugar ocupado pelo líder. Por esse motivo, ele informa e consulta seus subordinados e faz com que eles participem na tomada de decisões. Elas resultam de discussões propostas pelo líder e levam em conta as opiniões do grupo. As decisões articulam-se em função de uma progressão, cada etapa está claramente situada e finalizada. Quando surge um problema, o líder sugere várias alternativas, entre as quais o grupo pode escolher. Sem participar diretamente nas atividades, ele faz um esforço para integrar-se na vida do grupo. Isso não quer dizer que renuncie à capacidade de influir que é fundada na sua competência (poder de *expert*), a sua habilidade para as relações (poder carismático) ou, inclusive, à possibilidade que tem de premiar (poder de recompensa). Ele também utiliza o poder coercitivo, mas como exceção ou como último recurso.

O *líder laissez faire* ou *concessivo-liberal* dilui as funções de líder nos componentes do grupo e delega a autoridade aos membros da equipe. Uma vez definidos os meios e o material à disposição do grupo, o líder permanece passivo, não impõe nada nem intervém, deixa que cada um atue segundo seu próprio critério. A liberdade do grupo é total, mas seus componentes sabem que podem recorrer ao líder, que intervém quando é solicitado e, assim mesmo, tomando um mínimo de iniciativas. Esse líder não julga nem avalia, a sua presença é amistosa. Esse estilo seria, teoricamente, o ideal se os componentes do grupo também fossem ideais (responsáveis, maduros e competentes) e a situação fosse perfeita (tanto no grupo quanto no seu entorno). Mas, normalmente, os grupos necessitam algum tipo de direção. Além do mais, na prática, esse tipo de líder abdica das suas responsabilidades. É por isso que produz resultados inferiores aos dos outros estilos.

Os estudantes que trabalham com um *líder laissez faire* experimentam mais estresse, produzem pouco e desenvolvem sentimentos de decepção e frustração. Os alunos de *líder autocrático* produzem *quantitativamente* mais, mas os do *líder democrático* têm uma produção *qualitativamente* superior. A diferença entre o grupo dirigido por um ou por outro desses dois últimos não é, portanto, a produtividade, e sim a qualidade – mais originalidade e espírito crítico – e também mais respeito nas relações interpessoais do líder com os alunos e destes entre si. No grupo *autocrático*, as relações caracterizam-se pela hostilidade, competitividade e alta dependência; e no *democrático*, pela abertura, cooperação, comunicação amistosa e independência. Também é maior a motivação. A liderança mais satisfatória é, então, a *democrática*.

No caso do *líder autoritário*, a produtividade do grupo é boa (ainda que uniforme, isto é, com uma redução das diferenças individuais) apenas quando o chefe está presente. No caso do *líder democrático*, a produtividade é elevada e estável, inclusive na ausência do chefe; os sujeitos são autônomos e existe uma boa coesão do grupo que não apresenta tensões. No caso do *líder laissez faire*, a produtividade é ruim, o grupo é ativo mas improdutivo; existem condutas agressivas e divisões no grupo.

O desenvolvimento da criatividade de um grupo supõe que as noções de autoridade e de chefe sejam substituídas pelas de animador e regulador. Resumindo: trabalha-se com mais criatividade, disciplina e eficiência num ambiente democrático.

Porém, devemos diferenciar a autoridade do autoritarismo. A autoridade do professor, por exemplo, funda-se no conhecimento que ele tem da tarefa educativa. A autoridade é própria da assimetria que existe entre a criança, que quer e precisa conhecer, e o adulto, que já possui um certo conhecimento. Como assinala Yves de la Taille, quando a autoridade se funda em bases ilegítimas tende-se ao autoritarismo e à injustiça. Da mesma maneira, negar a autoridade como se não houvesse assimetria entre criança e adulto conduz à hipocrisia nas relações humanas. Mas, se o professor nega toda capacidade de discernimento intelectual ao aluno, pretendendo ter o direito de arbitrar de forma indiscriminada sobre todas as suas condutas, exerce um autoritarismo que pode levar a condutas de rebelião. Nesse caso, o professor que não se questiona sobre sua maneira de trabalhar pode desqualificar seus alunos chamando-os de preguiçosos, indisciplinados, desrespeitosos etc. Esse professor está cometendo uma injustiça.

Escola, democracia, cidadania

O discurso de Piaget sobre a educação refere-se explicitamente ao problema da cidadania. No já citado livro *O juízo moral na criança*, Piaget defende o sistema democrático, mostrando que a evolução da criança se funda nas relações entre iguais e a conduz à autonomia moral e intelectual, que dependem da cooperação e do respeito mútuos. A prática da reciprocidade é uma condição do desenvolvimento da democracia e uma prefiguração do funcionamento democrático. Ser cidadão significa, para Piaget, ser racional. A cidadania, assim como a moral e a lógica, implica a obediência às normas imanentes da razão. O motor do desenvolvimento seria a interação democrática entre iguais.

A escola, instituição social na qual a criança vive e passa um considerável número de horas por dia, apresenta problemas e conflitos semelhantes, ainda que não iguais, aos que existem em outras instituições sociais. Não seria interessante, então, ensinar as crianças a analisar o funcionamento da própria escola? Na escola, como nas instituições políticas, é preciso estabelecer uma série de normas de funcionamento, o que corresponde ao Poder Legislativo; é preciso tomar decisões, o que corresponde à tarefa do Poder Executivo e, como há conflitos, violações de normas, é preciso também lançar mão de sanções e é necessário arbitrar, o que corresponderia ao Poder Judiciário. Como ver este funcionamento na escola? São muitos os autores que pensam na importância de criar um conselho de classe que permita regular e responsabilizar a conduta dos alunos. O diálogo entre professor e alunos é importante. O papel do professor é fundamental. Ele deve saber que, como já mostramos, os conceitos de responsabilidade, de justiça e de sanção que a criança tem dependem da sua idade. E tanto alunos quanto professores deveriam perceber as regras não apenas como obrigações ou sanções, mas também como direitos.

Vamos supor que o conteúdo que o professor está trabalhando não tenha qualquer relação com a realidade do aluno e este comece a conversar com os outros. O professor pode considerar sua conduta como indisciplina e castigá-lo por esse fato para ele não incomodar mais. Porém, isso não resolve o problema. Se o professor utiliza sua autoridade dentro dos limites da democracia, então, nesta situação, proporia um debate no qual escutaria os argumentos do aluno e explicaria o motivo pelo qual ele acredita que o que está ensinando é importante para o aluno. Criando um clima de confiança, os alunos escutarão também as intervenções do professor, não como ordens que é preciso obedecer, e sim como argumentos que devem ser debatidos.

O professor e o funcionamento democrático

A vida escolar intervém na formação do cidadão porque no espaço da escola podem ser pensadas as relações com os outros e porque nesse espaço pode se organizar uma experiência de responsabilidade, diálogo, debate e confrontação com os outros. Para Piaget, o melhor cidadão é aquele que vivenciou numa república escolar o respeito, a solidariedade, a disciplina e a responsabilidade, e não aquele que só escutou falar destas práticas e valores. A escola ativa supõe a colaboração no trabalho. Para isso, é importante confiar às crianças a organização da classe. As crianças poderão elaborar, assim, as leis e regras que vão regulamentar a disciplina escolar, escolher o governo que se encarregará dessas leis e, também, constituir um Poder Judiciário que terá como função a repressão dos delitos.

A escola torna-se, então, uma comunidade educativa e as crianças podem adquirir, por meio da experiência, o sentido da obediência à regra, da adesão a um grupo social e da responsabilidade individual. O aprendizado da cidadania exige a garantia da democracia. Neste aprendizado, pensar juntos passa a se constituir um objetivo pedagógico. Notemos que este aprendizado implica utilizar procedimentos do pensamento adulto. Os adultos podem mediar, criticar, dar elementos, examinar se existem precedentes e imaginar alternativas. A colaboração e a discussão organizada têm importância fundamental e o professor pode estimular a atitude democrática. Veremos este ponto em detalhe mais adiante, ainda neste capítulo.

Outro elemento que permite a garantia da democracia, e que o professor pode estimular, é o espírito crítico. Como proceder? Uma forma de estimular o espírito crítico é propor uma pergunta e deixar que os alunos falem. O professor incita a dar argumentos, contra-argumentos, formular critérios de argumentação. Isto pode provocar nos alunos a descentração, isto é, olhar para seus próprios questionamentos com distanciamento e elaborar com o grupo a resposta mais adequada. A solidariedade é outro elemento que o professor pode trabalhar. Por exemplo, quando se pede a uma criança ou a um grupo de crianças para reformular o argumento dado por outra criança, a reformulação permite chegar a um acordo. A solidariedade percebe-se no fato de a argumentação poder favorecer a compreensão pessoal e do grupo. Além do mais, as crianças percebem que o grupo não é um obstáculo para a compreensão, e que, ao contrário, favorece o enriquecimento pessoal.

O professor deve insistir para que as crianças consigam intercambiar pontos de vista nessa perspectiva de enriquecimento mútuo. É dessa maneira que se estimula a atitude democrática. A conduta democrática supõe valores tais como a coerência ética, o espírito crítico, o rigor argumentativo, a colaboração solidária e a crítica construtiva. Dessa forma, a democracia transforma-se numa atitude cotidiana e o professor, com seu método, orienta as crianças para que consigam elaborar seus próprios marcos de referência. A cidadania, na concepção de Piaget, implica, ao mesmo tempo, o indivíduo e o grupo; a autonomia e a cooperação. Precisa haver um aprendizado intelectual e afetivo para saber utilizar a liberdade do cidadão e haver um aprendizado cooperativo para levar em consideração o ponto de vista do *outro*. Aprendizado para a autonomia (individual) e para a cooperação (social).

Falta o aprendizado para a participação (pública). Este último é facilitado pelo aprendizado da argumentação e de poder tomar decisões. Pode-se aprender a participar pelo intermédio da criação de um conselho de cooperação dentro ou fora da aula. E o que se aprende quando se discute em conjunto? Aprende-se a analisar, organizar, decidir, antecipar e encontrar soluções.

A ESCOLA, A INDISCIPLINA E A PSICOLOGIA

A desordem disciplinar na escola foi objeto de muitos estudos. Assistimos, na atualidade, a um deslocamento das formas disciplinares, centradas na autoridade burocrática legal, para formas reflexivas e individualizadas, fundadas em discursos psicopedagógicos e na idéia de contrato e negociação com as crianças.

As preocupações pela crise da autoridade adulta renovam o interesse na disciplina e no governo escolar e apagam as fronteiras entre o permitido e o proibido, tanto na escola quanto na sociedade. O discurso sobre a indisciplina associa o relaxamento das normas e a crise da autoridade adulta, o incremento da delinqüência juvenil e a violência escolar. Muitas vezes, o discurso sobre a indisciplina insiste no fato de a dificuldade para instaurar a lei estar vinculada à massificação do ensino médio e ao acesso de setores da população que têm outros códigos e disposições disciplinares. Além do nais, em muitos dos regulamentos disciplinares fala-se nas responsabilidades que os estudantes têm e utiliza-se uma linguagem de direitos e obrigações vinculada ao discurso sobre a cidadania. Por exemplo, diz-se que por meio das normas de convivência os estudantes aprendem questões importantes, que o conflito é parte integrante da vida, que os problemas podem ser solucionados com diálogo, que cada estudante deve assumir sua própria responsabilidade, que a zanga e a irritabilidade devem expressar-se por meio de uma linguagem respeitosa, entre outros assuntos, ou que o sistema de convivência é uma estratégia de gestão dos conflitos que precisa de uma auto-reflexão permanente. Assim, a linguagem político-legal dos direitos e obrigações é substituída por um discurso psicológico, colocando a importância da resolução de problemas como base da conduta cotidiana.

O problema é que, muitas vezes, as responsabilidades que promovem os regulamentos de convivência estão associadas com o comportamento dos alunos e não com o dos docentes. Isso significa que apenas os menos fortes (os alunos) são objeto de regulação normativa e que para o convívio entre adultos e adolescentes não existe um marco político-legal que deveria explicitar-se e ser submetido à negociação e à discussão. Sabemos que não pode existir negociação de regras se o professor não entra também no jogo. Porém, somos conscientes do fato de que aluno e professor não são iguais e cada um deve manter o seu lugar.

Na realidade, o mundo da escola não ensina a saber escolher, nem se conhecer, nem a auto-avaliação em função das escolhas. A criança não aprende a medir suas capacidades, nem reconhecer suas qualidades e desejos, nem experimentar novas situações. Não aprende a assumir responsabilidades, nem descobrir seus erros, nem construir uma identidade ativa. Para isso, seria necessário transformar o sistema escolar, não apenas favorecendo a cooperação e a autonomia dos alunos, mas, também, dando uma maior responsabilidade aos professores. O que supõe ter menos limitações vindas do sistema central e mais possibilidades de experimentação.

Os alunos precisam conhecer as normas básicas da convivência que conjuguem o direito dos alunos a se sentirem seguros na escola, livres de todo tipo de agressão, livres de serem ridicularizados ou discriminados, com o dever e a responsabilidade de saber escutar e de responder a todos os adultos com respeito, aceitando as sanções que possam derivar de um mau comportamento.

Falta de respeito, insultos ou vandalismos são a realidade cotidiana de muitas escolas. Para frear a indisciplina crescente, os docentes necessitam de meios e capacitação.

A linha disciplinar da escola deveria figurar no projeto político-pedagógico, não apenas como um conjunto de normas que organizam o ambiente escolar, mas, também, como um objetivo educacional. Para conseguir este objetivo, deve-se estimular o aprendizado cooperativo, valorizar o aprendizado, cultivar expectativas altas em relação ao desempenho escolar, à socialização e às condutas dos alunos. Uma escola disciplinada supõe compartilhar com os alunos e comunicar-lhes o que se espera deles com relação à apreciação de suas potencialidades, com a finalidade de que eles possam assumir suas responsabilidades junto com a escola. Isto supõe, também, a participação do aluno. Outro elemento preventivo é um ambiente escolar humano, democrático, que valoriza o diálogo, a afetividade e a obediência aos direitos humanos.

A direção da escola deve estar presente freqüentemente e em todos os espaços do estabelecimento, encorajando tanto alunos quanto professores. Os problemas cotidianos de disciplina deveriam ser solucionados entre professores e alunos. É claro que os casos mais graves devem ser tratados com os responsáveis pelo grupo de orientação disciplinar. Para poder exercer essa responsabilidade, os professores precisam ter mais autonomia.

Finalmente, é importante estreitar os laços entre a escola e a comunidade. Os pais devem se sentir responsáveis. É importante que eles sejam chamados para discutir os diferentes problemas pertinentes à educação dos alunos, incluindo a disciplina. A comunidade precisa estar informada a propósito dos objetivos, realizações e atividades escolares.

A indisciplina pelo olhar dos professores

Para analisar os problemas de indisciplina é interessante analisar o discurso dos educadores sobre o tema. Assim, uma representação hoje comum entre os professores é a que supõe, no contexto social atual, a manifestação de uma *perda de valores* que se reflete na conduta dos alunos, associada a mudanças negativas nos processos de socialização das suas famílias. Pensa-se que a escola, para solucionar o problema da indisciplina, deveria recuperar os limites que foram perdidos na sociedade por meio da aplicação de um regulamento estabelecido e, em caso de transgressão, utilizando a sanção. Isso supõe o estabelecimento de um conjunto de normas que contemplem a totalidade das condutas dos alunos e que venham acompanhadas de uma definição prévia das sanções. Nessa concepção, a disciplina é exercida por meio de controle e castigo externos. Os princípios psicológicos que estão por trás dessa concepção denominam-se condutistas e neocondutistas. Assim, as normas são assimiladas por meio de recompensas e castigos. Essa representação coincide com uma idéia característica do aluno e do professor, em que o aluno é visto como impulsivo, instintivo e em crise; e o professor é reflexivo, racional e estável. Esse modelo pode acomodar-se às teorias educativas deficitárias/compensatórias.

Outra representação da disciplina/indisciplina supõe que esta última não provém sempre do aluno. Outras causas, associadas à escola, podem gerar indisciplina. Por exemplo, um estilo de docente autoritário e discriminador, uma proposta de ensino pouco interessante e pouco significativa para os alunos e que gera desinteresse, tédio e, logo, indisciplina. Os educadores que compartilham dessa representação sustentam que o sistema de sanções disciplinares tradicional não oferece respostas para a formação dos alunos no que se refere aos hábitos e atitudes favoráveis à sua integração na escola, ainda que estimem que as sanções disciplinares não devam ser eliminadas totalmente. O cumprimento das normas pelos alunos é, para os partidários desse modelo, produto de uma ação educadora prévia que tenta negociar com os alunos as principais pautas da conduta na escola. Para ser genuíno, o aprendizado moral deve alcançar um estado autônomo e, por isso, criticam-se as sanções como única alternativa, já que estas apenas permitem um aprendizado heterônomo das normas. A participação dos alunos, o estabelecimento de regulamentos, os conselhos de aula, os conselhos de convivência, as jornadas de reflexão institucional etc., são propostas nessa perspectiva na qual predomina uma tendência à atribuição multicausal do fenômeno da indisciplina e da violência na escola. Essa representação da disciplina corresponde a uma outra concepção teórica do aprendizado de normas, segundo a qual o juízo moral se constrói por meio do uso de regras na prática social cotidiana e da atribuição de sentidos de caráter heterônomo provenientes da socialização familiar e institucional, que depois se articulam (ou não) na medida em que se assumem as normas sociais de maneira autônoma. Piaget, como já vimos, é representante dessa posição.

ESTABELECER LIMITES NÃO TRAUMATIZA E PODE AJUDAR

As crianças precisam adquirir regras de conduta e valores. Essas regras são dadas pelos pais e pelos educadores. Quando as crianças são capazes de respeitar limites, é possível para elas, com ajuda de pais e professores, ir além desses limites. Ou seja, as crianças só podem criar novas regras quando conhecem e até chegaram a respeitar os limites oferecidos anteriormente. Por isso, é importante encorajá-las a fazer coisas novas, mas sabendo até onde se pode ir e conhecendo quais são os limites, pois isso dá segurança às crianças e não significa ser autoritário. Dar responsabilidades não traumatiza as crianças. Por esse motivo, os limites não devem ser entendidos apenas no sentido negativo, isto é, como as condutas para além das quais a criança não pode ir. Os limites devem ser compreendidos também num sentido positivo, já que eles permitem que a criança saiba onde está, qual a sua posição no espaço social e o que a faz se sentir segura.

Como contribuir com o estabelecimento dos limites para a criança? Preparando-a para entender que não pode fazer o que quiser na hora que quiser. É necessário discutir com ela sobre as razões dos limites que tem de respeitar. É importante não criar limites gratuitos ou excessivos porque isso age contra a liberdade da criança, contra a sua criatividade, e impede que ela desenvolva sua capacidade de exploração, prejudicando, dessa forma, sua autonomia e seu desenvolvimento.

Por outro lado, o castigo só tem sentido quando a criança percebe seu significado, sua lógica, sua justiça e sua coerência. Bater numa criança porque não respeitou as regras não contribui na aquisição de valores morais.

Como prevenir a indisciplina?

Uma das maneiras de prevenir a indisciplina é com a participação de especialistas, psicólogos, por exemplo. Eles organizam oficinas e apresentam para grupos de alunos e educadores relatos sobre situações cotidianas da escola. Primeiro são apresentadas situações particulares que não aconteceram na escola na qual se está intervindo, isso é feito para se conseguir um certo grau de distanciamento que permita aos participantes das oficinas analisar e elaborar hipóteses sobre a emergência de tais situações. Assim, essas situações atuam como estímulos para que experiências da própria escola venham à tona, trazidas pelos alunos ou pelos agentes educativos, de maneira espontânea. Depois, os participantes selecionam conjuntamente algumas delas para que sejam discutidas e analisadas e feita a comparação dos argumentos. A finalidade é contextualizar de forma complexa as situações de conflito, descrevendo-as a partir de diferentes planos (comunidade, família, instituição, escola, aula etc.).

Outra maneira de intervir é acompanhar a elaboração de um projeto institucional que permita tratar os problemas por meio de ações que estimulem a convivência entre todos e não apenas de ações que permitam melhorar ou adequar a regulação normativa das relações entre os membros da escola. Isso pode levar a uma revisão do sistema normativo. Quando todos os participantes de um projeto institucional são considerados como pessoas tendendo a ser autônomas, forçosamente haverá pontos de vista diferentes que podem criar conflitos. Esses conflitos deveriam ser vistos como uma oportunidade para pensar e compreender melhor a relação entre o sujeito e a instituição. Por isso, toda proposta de intervenção deve incluir ações de promoção da convivência. Nesse sentido, podem ser propostas diferentes ações. Por exemplo, a elaboração de normas escolares por meio da deliberação e da participação de todos, a inclusão no programa escolar de espaços de discussão e de análise da convivência, a inclusão de espaços de encontro e discussão dos interesses da família e da escola, a inclusão de espaços de intercâmbio entre os alunos onde se realizem exposições da sua produção intelectual, desportiva ou estética.

Pensou-se, já desde os tempos da Escola Nova, nos anos 1920, que para evitar os problemas de indisciplina se deveria instaurar, como método, o *self-government*, que pode ser traduzido como uma forma de autodisciplina e, conseqüentemente, de democracia. O método funda-se na idéia de que a democracia é natural e emerge do grupo corretamente gerido. Porém, como notava Cousinet, o método pode fracassar porque não é possível formar homens livres a partir das crianças que, até então, ficaram submetidas ao professor. Não é possível fazer com que as crianças compreendam as razões profundas da disciplina que lhes é imposta nem é possível fazer com que elas vejam que as regras dessa disciplina são necessárias para a existência da classe e para que o ensino aconteça. Por quê? Porque é fácil de imaginar que em qualquer país autoritário, como são, por exemplo, as sociedades chamadas "primitivas", os adultos, neste caso os docentes, mostrariam uma incapacidade democrática. Como Piaget escreveu, nessas sociedades, o respeito ao costume prevalece sobre qualquer outra manifestação de personalidade; nelas predomina a moral heterônoma e o respeito unilateral.

É evidente que, quando o docente pode adotar uma atitude democrática, por exemplo, autorizando a comunicação na classe para resolver um problema determinado, os alunos conseguem estabelecer eles próprios a ordem necessária de trabalho. Não se trata de uma liberdade incondicional, mas sim da gestão do grupo para realizar uma tarefa em comum.

Outro método interessante é o trabalho livre por grupos, que se apóia na idéia de os alunos serem capazes de auto-educação. Esse método implica uma nova forma de disciplina que coloca a ênfase, num primeiro momento, na organização do trabalho. Utiliza a tendência que as crianças têm para a ajuda mútua. As crianças trabalham livremente, escolhendo os temas de estudo que lhes interessam e obedecendo, para tratá-los, as regras dadas. A escolha do tema e do material de trabalho é livre. O resultado desse método mostra que há menos brigas entre as crianças e a divisão do trabalho é um pouco mais precoce (aos 10, e não aos 13 anos).

O sucesso do ensino não se deve ao professor, e sim às crianças. O professor apenas deve colocar as crianças em situações naturais. Ele é uma fonte de conhecimentos à qual se pode recorrer. O trabalho livre por grupos permite a auto-educação, conceito que une a autonomia do aluno como era concebida pelo *self-government* e a idéia da adaptação da escola à evolução da sociedade.

Tanto o método do *self-government* quanto o trabalho em grupo desenvolvem a cooperação na turma. Quando se quer ter um enfoque educativo estimulante, em geral, recorre-se à cooperação. Em que consiste a cooperação? Dewey e Piaget nos permitem entender o sentido deste conceito. Para Dewey, a educação consiste em ajudar a criança a viver num grupo social, a escola. Para ele, a comunicação entre os indivíduos, a livre interação entre eles e a consciência dos fins compartilhados dão sentido à sua idéia da cooperação. Piaget, por seu lado, em *O juízo moral na criança*, identifica, como já vimos, dois tipos de moral: uma delas é a moral da limitação, da obrigação ou da heteronomia, que é uma moral do dever, ou seja, as crianças obedecem as regras estabelecidas pelos adultos; o outro tipo de moral é o da cooperação ou da autonomia, que se caracteriza pela solidariedade, intencionalidade e responsabilidade subjetiva. Para Piaget, o desenvolvimento da moral da cooperação está baseado no respeito mútuo, na igualdade e na reciprocidade, além da interdependência de fins compartilhados que vincula os indivíduos entre si e da igualdade entre os membros do grupo.

Podemos dizer que há cooperação num grupo quando todos os seus membros coordenam suas ações para alcançar o mesmo objetivo, distribuindo as tarefas e os diferentes papéis que são necessários para a sua consecução. A cooperação implica inter-relação pessoal e social, procura de igualdade entre os membros do grupo, comunicação, abertura com relação ao outro e motivação intrínseca.

Quando se utiliza um método de aprendizado cooperativo, destacam-se os seguintes aspectos: o professor deve formar equipes heterogêneas de 3 a 5 alunos; os membros do grupo trabalham para realizar uma tarefa em comum; eles compartilham os mesmos fins, a comunicação cara a cara é essencial; há uma distribuição de papéis e recursos; um aluno sozinho não pode realizar a tarefa pedida à equipe.

Se quisermos formar personalidades autônomas, então, devemos favorecer as relações de cooperação, já que estas ajudam a passagem da heteronomia para a autonomia. Assim, a escola deveria ter um ambiente cooperativo e não um ambiente de obediência ao professor. E, ainda que não seja fácil estabelecer um ambiente escolar totalmente livre de autoridade, é possível reduzir a autoridade do adulto a partir do respeito mútuo, de tal forma que as crianças possam participar da organização das regras e decisões da escola. Nesse ambiente, a repressão unilateral do adulto não mais existe. Ao contrário, tanto o adulto quanto a criança funcionam com relações de cooperação e respeito mútuo. Planejam-se atividades de grupo que favoreçam a reciprocidade. As crianças têm, constantemente, a oportunidade de escolher, tomar decisões e se expressar livremente. Isso cria condições que geram a cooperação.

Em geral, pensa-se que esse ambiente é utópico porque na complexidade da sala de aula não há espaço para uma postura exclusivamente democrática. Porém, estabelecer ambientes desse tipo é possível.

Apenas se houver perguntas, inquietações e curiosidade, pode haver aprendizado. Apenas se houver confiança e diálogo, as perguntas podem surgir; e para que exista um diálogo verdadeiro é necessária a confiança na escuta mútua.

Muitos são os teóricos da educação que pensam que a escola deveria formar para a vida, seja para adaptar a criança à sociedade, como pensava Durkheim, seja para prepará-la para que possa transformar a sociedade, como escreveram diversos autores partidários da Escola Nova. Tanto num caso como no outro, trata-se de preparar a criança para viver na democracia e fazer tudo o que for possível para que se torne um cidadão.

O que faz a escola para conseguir isso?

Digamos, em primeiro lugar, o que caracteriza um cidadão. Um cidadão é o indivíduo que pode e sabe participar de forma responsável na vida social. É aquele que pode compreender os problemas sociais e as diferentes soluções que os indivíduos propõem. É aquele capaz de cooperar e competir com os outros através de meios racionais e pacíficos. Ele sabe analisar as situações, avaliá-las e tomar decisões. Se as crianças não aprendem isso, como poderiam tornar-se cidadãos?

Na escola atual, ainda aquela que se diz moderna, a capacidade de iniciativa das crianças é reduzida, o professor é aquele que tem a autoridade e a criança é aquela que executa o que dizem para ela fazer.

Além do mais, não é apenas a escola que não ajuda a criança a assumir responsabilidades e ter iniciativas. A família nada faz para isso. A criança não assumirá responsabilidades apenas pelo fato de lhe dizerem para ser responsável. É um processo progressivo e tanto a escola quanto a família deveriam facilitar essa tarefa. É evidente que quando a criança é pequena o professor deve exercer a sua autoridade e propor normas claras sobre o que se pode fazer. As crianças da pré-escola não podem prever as conseqüências dos seus atos e é por isso que o professor deve esclarecer quais são as normas. Porém, desde o princípio, os alunos podem contribuir para elaborar normas válidas para todos, para fazê-las respeitar e decidir o que fazer com quem não as cumpra. Na medida em que as crianças crescem, o professor poderá facilitar a tomada de consciência dos próprios atos por parte dos alunos e, dessa forma, ajudá-los a assumir responsabilidades. Para isso, não apenas vai propor tarefas que impliquem conseqüências, mas também poderá analisar com a turma a forma em que essas tarefas foram realizadas.

Tipos de intervenções em caso de crise

Há dois tipos de intervenções possíveis. As intervenções centradas no meio escolar e as intervenções centradas no indivíduo e sua conduta.

Quando a equipe de professores trabalha junto com a administração para planejar mudanças e resolver problemas, apresentam-se menos situações de indisciplina, porque os professores se sentem apoiados.

As escolas onde os alunos percebem regras claras, ações valorizantes e sanções sem ambigüidades têm menos problemas de indisciplina.

As escolas governadas por um sistema de valores compartilhados, onde se estabelecem profundas interações sociais e nas quais os alunos desenvolvem um sentimento de pertença provocam no aluno o sentimento ou a impressão de que os adultos se preocupam com ele e apresentam menos problemas de desordem.

Com relação às intervenções centradas no indivíduo e na sua conduta, os programas mais eficientes são os que se fundam no encorajamento ao aluno e não na repressão. Não se trata de um condicionamento, mas de trabalhar conjuntamente competências cognitivas e condutas educativas. Os programas cognitivo-comportamentais parecem ser eficazes. Esse tipo de programa é utilizado para o controle de crise de cólera e de fúria, por exemplo, no qual se trata de estabelecer regras de grupo que sejam claras, de ajudar os indivíduos a identificar formalmente os problemas numa perspectiva social e buscar soluções alternativas ao estado de fúria por meio da tomada de consciência das conseqüências pessoais e sociais desse estado crítico. O programa de Lochman utiliza vídeos que mostram aos jovens alunos as transformações físicas durante uma crise de ira e incita-os a procurar soluções. Esse programa ajuda as crianças na elaboração de um vídeo para mostrar as soluções levantadas, propondo, além disso, uma série de direções para uma resolução positiva dos conflitos.

Todos esses programas expõem o problema da formação de professores, porque não se trata de encontrar programas eficazes, e sim de aceitá-los, o que implica uma socialização profissional. A questão correta é considerar esses problemas de conduta não como uma carga a mais no trabalho rotineiro do professor, mas como parte integrante do seu trabalho, o que pressupõe uma redefinição da tarefa docente. O desafio é trabalhar melhor, e não mais e com mais dificuldades.

O trabalho do professor deve deixar de ser solitário. A idéia da escola vista como uma comunidade, se é verdade que progride na literatura especializada, não acontece na realidade nem na formação.

Na maioria dos países percebe-se uma falta de coragem política, porque tudo isso implica uma redefinição profunda das instituições e das concepções educativas.

Na França, por exemplo, a formação de professores fora da disciplina específica (Matemática, História etc.) é constantemente questionada. A realidade é que, na maioria dos centros de formação de professores do país, não se aprende a trabalhar em equipe e a considerar seriamente os problemas pedagógicos.

O combate à violência na escola é também uma luta política, uma luta contra a demagogia.

Todo aluno precisa sentir-se protegido das ameaças e gozações. Deve sentir-se bem acolhido na escola e não se sentir estrangeiro. Estar bem num grupo e sentir-se apoiado quando precisar. Além do mais, precisa ser reconhecido como pessoa pelo professor e pelo grupo, porque isso permite que tenha confiança e uma boa auto-estima. Cada aluno tem um lugar e precisa saber que ele é necessário para os outros, isto é, que é reconhecido como um sujeito singular e digno de estima. Mas também deve ter a possibilidade de dizer o que pensa, ter responsabilidades e poder de decisão. Isso só pode acontecer se houver um conjunto de normas e valores explícitos e compartilhados.

Regras, direitos e obrigações

Imaginemos, agora, como as propostas teóricas poderiam ser utilizadas, ou seja, vejamos alguns dispositivos que ajudariam a manter a disciplina.

Todo grupo de indivíduos que convive num mesmo lugar por longo tempo precisa de uma estrutura que permita a regulação de tarefas, atividades de comunicação e normas de conduta. Isso implica refletir sobre quais são as leis ou regras da aula. Como fazer para elaborar essas regras? Haveria muitas maneiras de fazê-lo, tais como trabalhar a elaboração de regras a partir dos diferentes tipos de situações: atividades dirigidas pelo professor (trabalho coletivo), atividades individuais e tempo livre.

Outra maneira de fazê-lo é estabelecer regras a partir dos diferentes domínios do aprendizado coletivo (ver como se usa a palavra, o material, os deslocamentos autorizados etc.).

As regras podem ser elaboradas pensando que o ideal escolar se alicerça sobre quatro valores fundamentais: respeito por si mesmo, pelo outro, pelos meios, pelo trabalho.

Cada aluno tem direitos que pode exercer livremente como o direito à palavra. Esses direitos implicam algumas obrigações, como levantar a mão antes de falar, escutar quem está com a palavra etc. Assim, a posse dos direitos está sob condição. A elaboração de leis e regras não consiste na apresentação de um quadro já pronto, e sim numa obra em construção trabalhada e retrabalhada ao longo do ano.

Ter regras é uma coisa, ter o tempo de explicitá-las, precisá-las, discuti-las é outra. Por isso, é importante estabelecer um conselho que vincule a produção de laços sociais e a escolha de funções: a atribuição de status (presidente, secretário), a tomada da palavra ritualizada, as palavras-chave que determinam o que acontece, a delimitação do tempo e a pauta de discussão preparada com antecedência. Assim, o conselho é a instância na qual uma turma explicita seus problemas e são estabelecidos os procedimentos e as regras. Trata-se de dar poder à palavra dos alunos. Se as regras já existem, é necessário interrogá-las, questioná-las. A aula deve abrir um espaço em que se possa falar sem riscos.

Outra técnica é a utilização da escrita como remediação, como trabalho de distanciamento. Por exemplo, no caso de uma falta grave, o aluno culpado pode preencher uma ficha de reflexão, refletir sobre o que fez, as conseqüências dos seus atos e sobre o que pode ter sentido a pessoa agredida ou ofendida. É um momento que permite avaliar os esforços que o aluno culpado está disposto a fazer para melhorar. A escrita é importante para estabelecer uma distância com os afetos e emoções. E isso é essencial para aceder ao domínio de si próprio. Pode-se escrever cartas de pedido de desculpas e de reintegração, para dizer, por exemplo, que se quer continuar membro do grupo. Assim, vemos como o trabalho sobre a disciplina é um trabalho de responsabilização.

É importante fazer da aula um espaço plural onde se reconheçam diferentes lugares (o do trabalho em equipe, o da pesquisa documental, o da leitura, o pessoal, o da brincadeira etc.). Assim, a classe deixa de ser o lugar reservado para o adulto para tornar-se um conjunto de lugares compartilhados.

Podem, também, ser designados delegados de aula. A atribuição de tarefas funciona como uma verdadeira educação para a responsabilidade. Os alunos devem envolver-se, assim, na organização da classe.

No caso de um aluno difícil, pode-se instituir um tribunal para arbitrar e um verdadeiro código jurídico para que os alunos sejam considerados com seriedade e imparcialidade. O aluno com grande dificuldade deve ser objeto de uma consideração individualizada e de um acompanhamento personalizado. Nesses casos, pode-se propor um contrato no qual se explicita que não se aceita a atitude do aluno e onde ele se compromete a mudar sua conduta. Para isso, estabelece-se um documento escrito e assinado pelo aluno e pelo professor.

Sentir-se acolhido na escola transforma a necessidade de instrução num convite a aprender. A disciplina não é apenas uma história de técnicas e de organização, é também a história de uma postura e de um lugar. Pensar e organizar a vida do grupo vincula a dimensão instrumental da disciplina com o horizonte de responsabilidade que acompanha toda ação educativa.

A DISCUSSÃO, UMA FERRAMENTA IMPRESCINDÍVEL

Uma das maneiras de enfrentar o problema da indisciplina é ensinar os alunos a discutir. A discussão não apenas pode ajudar na disciplina, como também faz parte do processo de ensino.

Aprender a discutir poderia até tornar-se um objetivo de ensino na escola, pois é fundamental na vida pública. Aprender a defender-se, a argumentar, a trocar idéias ou pontos de vista, a escutar, a questionar-se, a propor outra idéia, a entender o significado de um debate político, ético, religioso, sindical ou profissional, a fazer um exercício de espírito crítico de cada aluno diante da argumentação dos meios de comunicação de massas: internet, rádio, TV etc. As crianças deveriam adquirir as competências necessárias para poder intervir em todos esses tipos de discussão. Essas competências relacionam-se com a capacidade para analisar, para falar e escrever. Os filósofos Tozzi e Leleux têm pensado muito sobre esse problema.

Um debate é uma discussão entre pessoas que se expressam com relação a um tema específico: "a favor ou contra fazer a lição de casa?"; "a favor ou contra o direito de voto para as crianças de 10 anos?". Uma vez enunciada a pergunta do debate, as pessoas expõem o que pensam e as opiniões de cada um serão consideradas de acordo com a argumentação.

Quando existe um moderador, diz-se que o debate é regulado. O papel do moderador é o de fazer os participantes dialogarem. Para isso, administra a tomada da palavra, realiza a abertura, a apresentação do debate e dos participantes, reformula e sintetiza as intervenções para facilitar a compreensão, permite que o debate continue e, finalmente, faz o seu fechamento com o resumo dos resultados.

Como ensinar a discutir? O elemento importante é que os alunos estejam interessados. Para isso, o problema que se coloca deve ser significativo para eles. Uma forma de começar essa tarefa é dizer aos alunos que se aprenderá a debater para prepará-los para as situações da vida futura na sociedade. Por exemplo: discutir sobre a necessidade de uma área para se praticar esporte porque no final do ano existirá uma competição e as crianças poderão expor o problema diante das autoridades municipais. Então, para que aprendam a debater, vários exercícios são propostos. Uma possibilidade é a discussão de temas cotidianos, como a lição de casa. Divididos em dois grupos (a favor e contra), os alunos devem debater por vinte minutos. O principal é que o maior número de alunos participe. Essa seria uma proposta inicial que permitiria identificar os alunos que apresentam as competências necessárias para um debate e aqueles que ainda têm que aprender. As competências que os alunos deveriam adquirir são as de saber se expressar, argumentar, compreender uns aos outros, dialogar, discutir, escutar os outros e respeitá-los.

Assim, ao final do debate, é feita uma análise com o professor sobre o conteúdo e a forma e, então, tenta-se reconhecer as principais características daquilo que foi debatido. Em outro momento, com outro tema, podem ser identificadas as representações das crianças sobre o debate e sobre como se desenvolveram. A idéia é que os alunos tomem consciência da necessidade de organizar o debate, de respeitar as intervenções, de dar argumentos para alimentar o debate, de matizar a opinião e fazê-la progredir. As crianças poderiam tomar consciência de um eventual progresso da sua própria opinião. Para que serviu o debate? Como fazer para que seja útil? Por que debater? Quais são as regras de um debate? Sobre a base destas perguntas, da análise das condutas lingüísticas e sobre a observação da atitude geral (por exemplo, a capacidade de escutar o outro), os alunos deveriam ser capazes de formular o conceito de debate e identificar alguns dos seus componentes típicos: papel do moderador, importância dos argumentos, abertura e fechamento do debate, meios necessários para facilitar o diálogo e a escuta etc. O conceito de debate regulado vai sendo construído progressivamente até chegar a uma forma mais elaborada na próxima discussão.

Outro exercício permitiria aprender a identificar a pergunta do debate e as ferramentas da linguagem próprias para a argumentação. Assim, poderia ser compreendida a necessidade da controvérsia, de uma polêmica sobre o tema do debate para que cada participante assuma sua posição. Desta forma, os alunos poderiam propor perguntas para o debate e aprender a argumentar, além de identificar procedimentos lingüísticos próprios para a argumentação e apropriar-se deles. Com isso, os alunos aprendem que é necessário escutar o outro e que uma opinião pode ser assumida para permitir um diálogo mais cortês e que se pode matizar a própria opinião e, inclusive, mudá-la no curso da discussão. Finalmente, organiza-se outro debate, levando em conta os diferentes elementos identificados. O objetivo é que as crianças percebam a importância de informar-se sobre o tema. Assim, permite-se que discutam sobre os diferentes procedimentos utilizados anteriormente: a preparação do debate, o respeito aos procedimentos pensando na evolução do próprio ponto de vista, o desenvolvimento deste ponto de vista por meio da argumentação e a utilização de recursos lingüísticos adequados. Por exemplo, para expressar que se tem certeza, pode-se dizer: *tenho a convicção de que; estou totalmente certo; penso que; todo mundo sabe que; é indiscutível que* etc. Para expressar que não se tem certeza pode-se dizer: *não estou totalmente certo; pergunto-me se; parece-me que; talvez* etc. Para introduzir dois argumentos podem ser utilizadas expressões como: *primeiro, segundo; primeiramente, em segundo lugar; primeiro, depois; por um lado, por outro lado; não apenas isto, mas também* etc. Para facilitar a discussão, apresenta-se a própria opinião como mais ou menos certa. Para justificar a opinião deve-se argumentar. Deve-se ter também a preocupação de escutar o outro, compreendê-lo e tentar chegar a um acordo. Depois do debate, analisam-se as características, as atitudes e as competências dos participantes. O professor pode também avaliar individualmente seus alunos. Essa aprendizagem é útil em diversas situações, por exemplo, nos conselhos de classe, quando querem solucionar um conflito etc.

O debate ajuda a resolver problemas. Os alunos aprendem o sentido do diálogo, a idéia de que os argumentos são necessários para convencer e que é preciso saber explicar, expor e demonstrar o que se pretende defender. Eles percebem que a opinião pode ser contextualizada e que também pode mudar, que seria absurdo querer reivindicar a qualquer preço a própria opinião sem questioná-la. O debate pode servir para encontrar coletivamente soluções diante de um problema. Aprende-se que matizar a própria opinião pode ajudar a convencer alguém que tem uma posição diferente. O debate pode também mostrar que muitas pessoas podem utilizar estratégias argumentativas para enganar e manipular os outros e isso é importante para analisar o que os meios de comunicação de massas transmitem. Finalmente, o debate ensina que é necessário aprender a tratar um tema em todas as suas dimensões e que para isso é preciso informar-se com antecedência.

O debate é, então, uma ferramenta para lutar contra os problemas de indisciplina. Se um aluno interfere na aula, molesta de maneira constante, não se deve atacá-lo e sim confrontá-lo. Ouvir o aluno e evitar dar, precipitadamente, conselhos, soluções, críticas e interrogatórios. Assim, o docente mantém abertas as linhas de comunicação. Ao transformar um problema individual em uma questão coletiva e discuti-la com todos, o professor dará mais responsabilidade para cada aluno.

O CONFLITO E SUA RESOLUÇÃO

A escola não foge à crise das relações sociais. O que poderia fazer a escola para restabelecer essas relações sociais que não mais funcionam? Algumas pistas podem ser encontradas na aprendizagem da solidariedade, no direito à diferença sem diferença dos direitos, na aprendizagem da cidadania, no desenvolvimento de uma escola de convivência, desenvolver experiências que favoreçam a comunicação e a relação, que tenha em vista ensinar às crianças a aceitação de si mesmas e dos outros, aprender a tolerância, saber viver e cooperar com todos.

Se é verdade que durante muito tempo os professores e pesquisadores em educação estavam preocupados com as deficientes qualificações dos alunos e com o fracasso escolar, atualmente nota-se uma carência muito mais urgente em relação ao analfabetismo emocional e social que já foi identificado, em 1988, pelo professor de Psicologia da Educação, García Correa. Porém, não se faz muito esforço para solucionar essa nova e alarmante deficiência escolar.

Um modelo que levasse em conta esses objetivos valorizaria a vida em comum e a possibilidade de resolver conflitos cotidianos. Esse modelo caracteriza-se pela cultura para a paz. Uma escola pacífica baseia-se em três princípios fundamentais: estabelecer novas prioridades no ensino da História, isto é, aprender a história da cultura e não a história da guerra; favorecer a expressão das emoções e do autocontrole; aprender a *resolver conflitos* no contexto de uma sala de aula que poderíamos qualificar como humana. Não se trata de evitar que surjam conflitos, e sim de, quando estes se apresentem, encorajar os alunos a procurar soluções sem recorrer à violência.

Na sala de aula, o conflito é inevitável. Em geral, o professor percebe o conflito como nefasto e tenta resolvê-lo rapidamente, indicando às crianças o que devem fazer para eliminar a situação conflitiva. Esse professor não deixa as crianças agirem sozinhas porque pensa que poderiam brigar, fazer barulho e tornarem-se indisciplinadas. Essa não é uma boa situação para a aprendizagem. Se olharmos um pouco a literatura, em particular a piagetiana, veremos o contrário. Assim, as psicólogas e pedagogas Zucatto Mantovani de Assis e Pileggi Vinha confirmam que um ambiente cooperativo, onde as crianças tomam decisões, realizam atividades diversificadas e em grupos, assumem responsabilidades etc. apresenta mais situações de conflito que um ambiente de escola tradicional, onde há pouca interação entre as crianças, os alunos permanecem em silêncio a maior parte do dia, escutam muito o professor – que é quem pode tomar as decisões – e obedecem etc. Do ponto de vista da disciplina, pareceria que o ambiente da escola tradicional é o paraíso, mas, do ponto de vista da aprendizagem, não. Piaget demonstrou em muitos trabalhos a importância do conflito para o desenvolvimento, tanto intelectual quanto social, o que não quer dizer, naturalmente, que não possa haver desenvolvimento sem conflito. Mas as situações de conflito favorecem o desenvolvimento e a aprendizagem.

O que fazem os professores quando as crianças brigam, desobedecem as regras e são indisciplinadas? Em geral, as castigam. Pensam que este é um bom procedimento para que a criança obedeça e se eduque. Se é verdade que, às vezes, esse método elimina a conduta de indisciplina e faz com que as crianças respeitem as regras da classe, isso não é sinal de aprendizagem social nem de educação cidadã. Por quê? Porque, em condições de castigo, os alunos vão respeitar as regras por medo e não porque elas são necessárias para organizar o trabalho, para que exista justiça etc. Assim, como já vimos, não basta que a criança cumpra com as regras, o importante é favorecer a formação de futuros adultos que possam julgar de forma autônoma, independentemente do fato de serem castigados ou recompensados.

Enfrentar um conflito é, para os alunos, uma oportunidade de trocar pontos de vista, de argumentar, de propor soluções, de dialogar, de procurar uma solução em comum e construir a autonomia de cada um. E sabemos que todas essas ações não apenas favorecem a aprendizagem, mas também favorecem o desenvolvimento da criança. Se o professor resolve o conflito em vez de deixar que as crianças o resolvam, está impedindo que elas se construam como pessoas e aprendam. Além do mais, para resolver um conflito de forma eficaz, é preciso minimizar ou eliminar as causas que o geraram e para isso é preciso se concentrar no processo e não no resultado. É melhor, do ponto de vista educativo, compreender as causas que levaram à situação conflitiva do que eliminar as condutas desviantes. Por isso, os conflitos não são negativos em si mesmos; ao contrário, podem ser vistos como oportunidades para aprender, para trabalhar valores e regras, para reorganizar o que se sabia até então e para crescer.

Porém, não é pelo fato de trabalhar coletivamente uma situação conflitiva que, necessariamente, ela será solucionada. Mas é uma oportunidade de resolver e, ao mesmo tempo, de crescer. Assim, trabalhar a partir do conflito é uma ferramenta importante para prevenir ou remediar a indisciplina.

Evidentemente, esse trabalho precisa de uma formação específica do professor que, muitas vezes, age de maneira improvisada. O professor precisa também trocar pontos de vista e tomar consciência de que uma situação de indisciplina ou de conflito não é em si mesma negativa e que não é necessário resolvê-la imediatamente.

Conflito e mediação escolar

Outra forma de ver a questão do conflito é pela *mediação escolar*. Aqui são as crianças que tentam resolver conflitos.

Todo conflito consiste na oposição de interesses entre duas ou várias partes. Quando essa oposição existe, pode-se procurar uma solução por meio da violência, por meio da negociação ou por meio da intervenção de uma terceira pessoa que atua como mediadora.

Mas o que acontece com os conflitos que se produzem cotidianamente nas escolas? O que fazer com o aluno que não atende ao professor, o aluno que molesta os seus companheiros, aquele que tira o lápis do outro, aquele que come a comida do colega, aquele que insulta, aquele que risca o carro do professor, aquele que rouba?

Acontece que os professores têm medo do conflito e fazem o possível para que ele não se manifeste. Agem dessa maneira autoritária para que os conflitos permaneçam ocultos. Um professor considera que conduz bem sua classe quando há ordem, quando os conflitos não se manifestam.

Na realidade, o professor deveria explicitar os conflitos, convertê-los em objeto de reflexão dentro da própria classe, perguntando quais são as suas causas. Por que um aluno não se comporta de uma determinada maneira? Por que realiza atividades anti-sociais que danificam o funcionamento do grupo e dificultam o trabalho dos outros?

Refletir sobre isso é uma fonte de aprendizado importante para converter-se num bom cidadão. É importante que os alunos aprendam, ao longo do seu convívio na escola, a se relacionar com os demais e a resolver os conflitos por meio da negociação. Geralmente, quando há um conflito, não é que uma das partes tem toda a razão e a outra não tem nenhuma. Esse é o jeito com que tendem a ver o mundo as crianças menores. Mas pode haver uma parte da razão em cada uma das posições. É preciso, então, deslocar as partes envolvidas até que se encontre um ponto de entendimento. A vida social deve consistir nisso, e essa deveria ser a política.

A negociação requer a capacidade de colocar-se na mente da outra pessoa, tentar entender as razões do outro para chegar a um acordo. Isto não é fácil, já que supõe um importante desenvolvimento cognitivo. Por esse motivo, as crianças menores terão dificuldades de consegui-lo, enquanto que para as maiores será mais fácil, caso sejam preparadas para isso – o que requer ajuda para analisar as causas das suas condutas e das suas motivações. Este é um dos caminhos para combater a intolerância e o fanatismo que consiste em acreditar que nós temos toda a razão e a verdade enquanto os demais carecem delas.

Aprender a lidar com os conflitos é uma prática fundamental, tanto na formação do professor quanto na dos alunos. Os alunos podem constituir um *corpo legislativo* que cria normas e estabelece as regras que devem ser *executadas*. No entanto, os conflitos vão surgir e a violação das normas terá que ser sancionada. Aqui, também, os alunos podem participar. O papel do professor é o de comportar-se como um árbitro que aplica as normas com a ajuda dos alunos e que, progressivamente, transfere sua autoridade ao domínio do coletivo. Quer dizer, a função do professor é, ao longo do desenvolvimento da escolaridade dos alunos, a de renunciar à sua autoridade para delegá-la ao grupo. É isso que define a democracia, um governo no qual todos participam.

A *mediação entre pares* é outra forma da qual muito se fala para a resolução dos conflitos. Os pequenos problemas da vida cotidiana na escola não precisam da intervenção exclusiva das autoridades escolares. A solução desses conflitos não necessita passar pelas vias da repressão ou da sanção. A *mediação entre pares* é, portanto, um caminho. Os alunos escolhem, em cada classe, colegas para que atuem como mediadores em casos de conflitos entre companheiros. Esses "mediadores de conflitos" recebem uma formação específica num breve curso no qual se ensinam técnicas para escutar e agir entre as partes. Também entre jovens há situações de discriminação, abuso de poder e dificuldades de integração. Esse procedimento é para que eles mesmos procurem soluções, o que torna mais fácil a aceitação das medidas pelas partes, e que estas sejam eficazes. A experiência é interessante porque educa os alunos para que eles procurem saídas pacíficas e de entendimento em situações conflituosas. Numa sociedade que tende a ser jurídica em excesso e na qual, cada vez mais, os conflitos acabam nos tribunais, as crianças vão se acostumando à idéia de que é melhor chegar a um acordo antes de chegar ao julgamento. Os mesmos mediadores reconhecem que, para eles, está sendo muito enriquecedor, pois aprendem a escutar e a colocar-se na pele do outro, virtudes muito necessárias no desenvolvimento da personalidade. A idéia, então, é que os próprios alunos, com o apoio de companheiros, resolvam seus conflitos sem necessidade da intervenção dos professores e do regime disciplinar da escola, e também aprendam valores como o respeito, a tolerância e o diálogo.

É evidente que nem todos os problemas podem ser tratados dessa forma. Quando há violência física, o caso passa diretamente para o regime disciplinar da escola, mas se há uma falta que não é muito grave e pode ser solucionada de maneira positiva, sem necessidade de um castigo, utiliza-se a mediação.

Pela mediação nas escolas, os alunos aprendem um tipo de comunicação positiva, ou seja, aprendem a escutar, se colocar no lugar do outro e buscar o entendimento. Nesse contexto, essa iniciativa promove também a comunicação intercultural e a tolerância.

Há muitos programas que mostram ser possível adquirir, nas escolas, outras condutas que não sejam as de indisciplina ou de violência para se enfrentar um conflito. Por isso é interessante integrar a gestão de conflitos na escola, sobretudo considerar a escola como um lugar de mescla e confrontação. Por esse motivo, ela é um verdadeiro terreno de experimentação para a resolução de conflitos. Por outro lado, um conflito bem resolvido conduz a um aprendizado da vida em sociedade. A escola adquire assim todo seu sentido, porque não é apenas um lugar onde se aprende a fazer, mas onde também se aprende a viver. E a mediação escolar por meio do grupo de pares oferece uma solução interessante. A mediação reduz a tensão e encontra soluções. Mas é evidente que a prevenção da indisciplina passa por tudo aquilo que combate a desigualdade, a exclusão e a falta de comunicação.

Pensar em remediar ou prevenir a indisciplina exige que lembremos que a finalidade principal da escola é a da preparação para o exercício da cidadania. Para ser um bom cidadão há necessidade de conhecimento, memória, respeito pelo espaço físico, um conjunto de normas para as relações interpessoais, o diálogo e a democracia.

A INVESTIGAÇÃO E A INDISCIPLINA

É curioso constatar que, ao mesmo tempo em que os problemas de indisciplina são muito discutidos, a investigação pedagógica neste domínio ocupa um lugar reduzido. Em vez de estudar os fatores especificamente pedagógicos, muitos autores escrevem de forma semelhante aos conselhos médicos do século XVI: nem muito nem pouco, a justa medida. Por exemplo: o professor deve ser severo, mas ao mesmo tempo mostrar a dose justa de amizade e estabelecer o espaço adequado entre a proximidade e a distância.

Outro tipo de conselho sugere controlar continuamente o que acontece na classe, ignorar os desvios menores, reforçar as condutas corretas, lembrar as regras, não ameaçar etc.

Os livros discutem o tema da disciplina na classe de forma teórica. Ela está relacionada com as boas relações afetivas, o bom uso da autoridade, a boa organização, a planificação do curso etc. Discute-se também o tema do poder e o exercício do poder e da autoridade na escola. Às vezes, o problema da disciplina apresenta-se como o da consciência da autonomia dada ao aluno sem preocupar-se com o que a psicologia ensina sobre o juízo moral na criança.

Enfim, assim como no começo do século XX, pensa-se hoje na autodisciplina – entendida como uma ordem interna – e não mais na disciplina centrada na ordem exterior, como fazia a escola tradicional. Todas as pedagogias não diretivas radicalizam as posições a ponto de não mais falar em indisciplina, mas em desorganização. Considera-se, nesse tipo de pedagogia, que o grupo é o lugar da interação e da apropriação do saber. O professor é apenas um facilitador e os conflitos já não se resolvem com castigos, e sim por meio da explicitação dos fenômenos de grupo. A pedagogia atual tem como objetivo fundamental a autonomia do aluno e a autodisciplina, mas o conceito de autonomia é diferente segundo o ponto de vista teórico. Se alguns não excluem as formas de neo-directivismo pedagógico, nas quais o conflito está ausente, outros pensam que o conflito é o meio que permite a conquista da autonomia.

O tema do conflito leva a um estudo da investigação sobre a educação moral e a axiologia. A falta de valores nos alunos ou a indefinição dos valores engendram situações de conflito que levam a condutas de indisciplina. Os alunos aparecem como apáticos, inconstantes, sem interesse, inseguros, inconsistentes, conformistas etc.

García Correa, que já mencionamos, propõe um programa de intervenção para que o professor ensine seus alunos a solucionar conflitos, não pela violência, mas pelo recurso a técnicas e estratégias preventivas e de tratamento que conduzem à paz. O que interessa é que os alunos aprendam a encontrar soluções pacíficas em lugar de recorrer à agressividade.

O autor vê nessa preocupação de ensinar os alunos a resolver, a cada dia, os conflitos da aula, uma nova linha de investigação e de aperfeiçoamento do professorado que permitiria evitar o fenômeno da violência escolar. Isso implica a questão da vida emocional, que passa a ser um tema de trabalho cotidiano. Na aula, é preciso refletir e analisar problemas reais, tais como o sentimento de ser ofendido, a rejeição, a inveja, o ciúme etc., para que se possa dar a eles uma solução pacífica.

Para aceder à autonomia, a educação deve contribuir com o esclarecimento dos valores, o que supõe um clima de liberdade, tolerância e aceitação mútua. Se a conquista da autonomia leva à autodisciplina, trata-se de uma conquista lenta e progressiva. Diante de condutas disruptivas, o professor não ministrará castigos, mas proporá alternativas de ação ou facilitará a discussão. A conquista da autonomia exige que as funções disciplinares da classe deixem de ser um direito do professor e sejam parcial ou totalmente assumidas pelos alunos. As investigações que se referem especificamente aos aspectos pedagógicos são raras, porém, existem autores que se interessam por estudar experimentalmente a relação entre a conduta ou as técnicas do professor e o grau de interesse dos alunos no trabalho. A vantagem dessas investigações é que se trata de definir as variáveis como, por exemplo, amizade, compreensão e paciência, de um ponto de vista operacional.

O problema real mais importante do professor na sala de aula é a defasagem que existe entre a teoria e a prática. Por isso, uma investigação descritiva sobre o que se passa na aula e como isso é vivido pelos participantes é um trabalho indispensável.

O que quer saber um professor? Quer saber como prevenir a indisciplina dentro da aula e, também, de que maneira ser mediador entre conhecimento e indisciplina, estimulando o conhecimento e eliminando a indisciplina. Mas lembrando também que o aluno tem necessidade de se movimentar, perguntar e argumentar com o professor e com seus companheiros, porque é dessa forma que o conhecimento se constrói.

A teoria diz que a autonomia seria um fator de disciplina. Permitir que os alunos aprendam a ser autônomos supõe considerar a classe como um grupo e fazer com que esse grupo se torne ativo, ator da comunicação e não submetido a um modelo de comunicação imposto arbitrariamente. É possível que os alunos se tornem ativos e também que eles possam utilizar o grupo para mediar a responsabilidade de cada um. Além do mais, é possível ter autoridade sem castigar ninguém. Trata-se, então, de ensinar os alunos a serem responsáveis pelo respeito e pelas regras em comum. Mas são necessárias ainda mais pesquisas para se desenvolver essa teoria.

A maioria dos sistemas educativos atuais confronta-se com o problema de manter a disciplina na aula e na escola. Uma solução seria desenvolver pesquisas multidisciplinares e promover projetos que transformem as condições de vida e de trabalho de alunos e professores.

Desde a criação da escola, manter a disciplina figura como uma função inerente a essa instituição. A idéia de criar a escola como único lugar de formação tem como finalidade o melhor controle e direcionamento produtivo da utilização do tempo dos alunos; assim, promove-se a disciplina e aumenta-se a influência que se pode exercer sobre eles. Porém, o problema da disciplina continua sendo atual, já que sem ordem é difícil realizar um trabalho pedagógico. Mas existem diferentes maneiras de ver a disciplina. Alguns a consideram como sendo a questão fundamental da educação; outros, como um instrumento a ser utilizado ocasionalmente. Para alguns, é, por excelência, um meio para construir uma educação moral; para outros, é o resultado de um sistema de castigos da instituição. Se atualmente emergem novas formas de indisciplina que geram uma grande preocupação nos professores, as explicações dadas pelos autores teóricos e/ou práticos da educação não se baseiam em pesquisas porque elas raramente são feitas.

Furlán apóia-se nas investigações recentes e propõe vias de reflexão sobre as perspectivas do ofício de educador. Ele pensa que a pesquisa educacional nesse domínio é fundamental. Ortega Ruiz nota que os professores ignoram tudo o que envolve as relações entre alunos, porém, a escola é um lugar de encontro e, por isso, seria importante adotar medidas que levassem em consideração a complexidade do problema. Levinson recusa-se a considerar como causa da indisciplina as patologias exteriores à escola. As perspectivas dos alunos e o papel da escola na gestão de condições que favoreçam a indisciplina devem ser consideradas. A indisciplina, para este autor, é uma resposta aos modos de escolarização que se alicerçam num ensino arbitrário e autoritário.

O estudo da indisciplina na aula requer muita pesquisa. Um desses estudos deveria analisar os múltiplos aspectos de maneira conjunta, por exemplo, as estruturas de poder na escola, as pressões, as expectativas dos pais, as concepções dos professores com relação à construção de conhecimentos etc.

Em psicologia, poderiam ser observadas e analisadas as condutas no conselho de classe e, então, pesquisadas as diferentes maneiras como um conselho de classe pode funcionar, com a possibilidade de diálogos entre os alunos e entre o professor e seus alunos e, depois, ser feita uma investigação a partir dessas situações. A escrita poderia ser utilizada como uma forma de estudar e ensinar a argumentação em grupos de alunos. Além disso, poderiam ser criadas condições nas quais a convivência seja considerada um valor e um desejo comum. E todas essas situações ajudariam a diminuir os problemas de indisciplina. Ver a escola como espaço de diálogo parece uma utopia, mas a educação é uma utopia.

A investigação sobre o que pode oferecer uma experiência escolar democrática para o desenvolvimento infantil seria uma grande contribuição das ciências psicológicas e pedagógicas.

Em síntese

• É apenas em uma escola democrática que se pode prevenir e remediar os problemas de indisciplina.

• A escola democrática pressupõe cooperação e respeito mútuo entre alunos, professores, autoridades escolares e pais.

• Criar um conselho de classe que discuta a importância, a criação, a negociação e a renegociação das regras é importante para combater a indisciplina.

• O conselho de classe permite regular e responsabilizar a conduta dos alunos. E todo trabalho de disciplina inclui responsabilização.

• As regras devem ser percebidas não apenas como obrigações, mas, também, como direitos.

• Elementos como discussão, debate, conflito, escrita etc. podem prevenir e remediar a indisciplina. Para que essas ferramentas possam ser utilizadas, o professor precisa ensinar seus alunos a escrever, pensar, argumentar, falar e debater.

• O professor pode utilizar as ferramentas mencionadas para fomentar o espírito crítico, a solidariedade, a cooperação e o rigor argumentativo. A formação de professores e a investigação psicopedagógica são essenciais para que isso seja possível.

O PROFESSOR HOJE

Os jovens que se preparam para tornar-se professores aprendem muito cedo a importância estratégica da disciplina, ainda que o tema seja pouco estudado na sua formação. Controlar a ordem na aula é uma das primeiras aptidões que o professor deve demonstrar, porque falhar nesse ponto acarreta mais problemas e conflitos que fracassar na própria aprendizagem dos seus alunos. Como não desejar, nessas circunstâncias, a disciplina a qualquer preço? Inclusive ao preço de abaixar o nível da classe!

Em 1910, o pedagogo francês Roger Cousinet chamou a atenção para o fato de os alunos procurarem a desordem que caracteriza a indisciplina. Contrariar o professor torna-se o único objetivo identificável. Se o professor souber responder, o incidente acaba, é um momento de distensão; caso contrário, a desordem se transforma numa indisciplina sem forma e que não acaba. Saber como responder a essa indisciplina exige do professor perspicácia, já que deve entender o sentido da conduta dos alunos. Por isso, deve ser sensível à vida da aula, conhecer a si mesmo e ter a flexibilidade suficiente que lhe permita modificar o que havia previsto como atividade. Essas qualidades dão autoridade ao professor e isso é o que as crianças procuram.

Escola e sociedade

O debate atual sobre a escola e a educação inscreve-se num contexto de transformações sociais importantes. A globalização provocou um aumento das populações migrantes. As migrações internacionais fazem parte do desenvolvimento mundial e podem ser um fator extremamente positivo para a mútua compreensão e a mistura de culturas. A educação tem um papel importante na integração dos filhos dos imigrantes em todo o mundo.

Se é fácil admitir que a educação é essencial para a formação dos seres humanos, seus conhecimentos e formação de valores, para onde aponta hoje a educação?

Numa declaração da Pontifícia Academia das Ciências e da Pontifícia Academia das Ciências Sociais do Vaticano, como conclusão de um seminário conjuntamente realizado em novembro de 2005, diz-se que a educação deveria apontar para o desenvolvimento completo do ser humano, inculcando o sentido da sua dignidade e reforçando o respeito pelos direitos humanos e pelas liberdades fundamentais. Deveria permitir a todas as pessoas a possibilidade de participar de maneira efetiva na família humana e promover a compreensão, a amizade e a colaboração entre todos os povos e todas as comunidades étnicas e religiosas. A educação também deveria transmitir o saber, as habilidades cognoscitivas de ordem superior e a sensibilidade interpessoal, isto é, tudo que se requer para ajudar crianças, homens e mulheres a serem plenamente eles mesmos e a interagir com os demais. Deveria desenvolver a sua capacidade de observar, raciocinar, sintetizar e criar valores éticos e culturais, o sentido da justiça, do respeito, da tolerância e da compaixão pelos outros.

A educação é vista como um processo integral que permite às crianças e aos jovens aprender a pensar, raciocinar, sintetizar, serem responsáveis, praticar as virtudes de solidariedade e de amor ao próximo. Pretende-se que a educação desenvolva a autonomia, a criatividade, o espírito científico, o espírito literário e artístico. Espera-se que ela contribua na construção da identidade e da auto-estima, que incite ao respeito dos direitos humanos e dos valores éticos, e que permita desenvolver relações de amizade e de solidariedade com os outros. Essa formação implica, portanto, a construção da pessoa.

Piaget dizia, em 1931, que a educação é um todo, que não se pode ter ali uma gaveta para a inteligência, uma para a moral e uma para a cooperação entre os povos. Em 1996, a Comissão Delors – cujo presidente na ocasião, o economista e político francês Jacques Delors, que havia presidido também a União Européia – afirmava o papel central da escola para que a humanidade continuasse a se desenvolver. O informe identificava quatro pontos a que a educação deveria dar importância: aprender a conhecer e a pensar, aprender a fazer, aprender a conviver e aprender a ser. Ou seja, saber pensar, saber ser, saber fazer e saber relacionar-se. A educação aponta então para o desenvolvimento completo da pessoa: o desenvolvimento cognitivo, social, afetivo e ético.

O informe assinala que para aprender a pensar é recomendável desenvolver o espírito científico, já que este se fundamenta em saber questionar-se e rejeitar as respostas pré-fabricadas, assim como rejeitar toda certeza que esteja em contradição com os fatos. Aprender a conhecer é estabelecer pontes entre os diferentes saberes. Aprender a fazer implica a aquisição de um ofício e de conhecimentos práticos que estão a ele associados. Fazer significa também fabricar novidades e supõe, portanto, desenvolver a criatividade. Aprender a ser é uma aprendizagem permanente na qual o educador informa o aluno tanto quanto este informa o educador. Finalmente, aprender a conviver supõe o respeito pelas normas que regem as relações entre os seres humanos; supõe reconhecer a si mesmo no rosto do outro, aceitar o ponto de vista do outro sem deixar de lado o próprio ponto de vista; conviver implica saber cooperar. Dessa forma, o que um afirma é verificado pelos outros, o que um faz é experimentado e controlado pelos outros. O essencial das condutas experimentais, sejam científicas, técnicas ou morais, é haver regras de controle mútuo e não uma crença única compartilhada. Cada um tem a liberdade de inovar, mas na medida em que consegue compreender os outros e se fazer compreender pelos outros. E este é o ideal de cooperação do qual Piaget tanto fala, o ideal que contribui com a formação de cidadãos. Este ideal faz da escola o lugar privilegiado para fornecer uma formação adequada que permita aos alunos a participação na vida democrática.

Como transformar as práticas pedagógicas para alcançar esses múltiplos objetivos? O que deve fazer um educador para que as crianças se transformem em cidadãos? Como formar os educadores?

No texto *Psicologia e pedagogia*, Piaget afirma que qualquer problema educativo está relacionado com a questão da formação de educadores. A tarefa destes últimos, diz o autor, dependerá do grau de complexidade da escola. Por isso, quanto mais se quer aperfeiçoar a escola, mais difícil será a tarefa do educador. A concepção tradicional do trabalho do professor supõe que ele apenas transmita conhecimentos, sem poder tomar iniciativas nem realizar descobertas. Seu papel é o de um subalterno. Para Piaget, o educador deve transformar-se num pesquisador. Por isso, ele pensa que é apenas por meio da pesquisa que o ofício de educador vai além de uma vocação afetiva. Apenas por meio da pesquisa, que se aprende na Universidade, o educador deixará de ser um simples transmissor.

Como vemos, o tema da formação dos educadores não é novo e as propostas de Piaget seguem atuais, já que muitas das características do trabalho do professor mostram uma evolução significativa que caminha no sentido de uma formação cada vez mais complexa. Porém, muitas outras características do trabalho do professor aparecem como invariáveis, o que poderia frear o movimento em direção à mudança que todas as reformas e propostas esperam. As dimensões estruturantes do trabalho do educador, por exemplo, aparecem como invariáveis da profissão. As escolas se parecem entre si, no sentido de que se apóiam num dispositivo simples e estável: a aula, quer dizer, um espaço relativamente fechado no qual os educadores trabalham de maneira separada e realizam o essencial da sua tarefa, como mostraram Tardif e Lessard, em 1999. Nestas aulas, os educadores devem instruir e socializar os alunos. Para isso, é importante manter a disciplina e ensinar conhecimentos escolares. Dentro da classe, o educador possui certa autonomia e vê-se confrontado tanto com a incerteza de situações quanto com a dimensão afetiva, já que não trata com objetos, e sim com alunos. Além disso, o educador aparece como um executor que não participou nunca da seleção do que será ensinado. Essa unidade de base do trabalho do educador praticamente não variou de dois séculos para cá, o que implica uma profunda estabilidade no trabalho do educador. Apesar disso, a literatura atual insiste nas mudanças que aparecem, seja sob o efeito de transformações gerais da sociedade e da instituição escolar, seja em razão das políticas educativas.

As transformações sociais e as tarefas do professor

Quais são algumas das transformações sociais? Na família, a autoridade repressiva retrocede para deixar lugar a uma educação familiar que valoriza a realização e a expressão da criança. Por outro lado, as crianças mudaram e são descritas como mais audaciosas, menos trabalhadoras, não aceitando imediatamente as regras escolares, manifestando uma certa dificuldade para manter-se numa atividade, desatentas em classe etc. Existe também um discurso negativo sobre a escola pois o programa aparece com alterações constantes, tanto que a Matemática se torna "moderna" e se fala em renovação da História ou da Língua. Por último, o desenvolvimento dos meios de comunicação de massa tira da escola o monopólio da transmissão de informação e conhecimento. Tudo isso cria certa degradação da imagem do educador. Simultaneamente, a massificação do ensino, que é outra transformação social importante, fez com que se solicitem novas tarefas ao educador, ou seja, tarefas administrativas, de orientação dos alunos e de gestão dos conflitos. Pede-se também ao educador que ofereça ajuda individual e que saiba manejar a heterogeneidade. O educador não pode mais, simplesmente, transmitir o conhecimento; ele também deve saber o que fazer para ajudar as crianças na construção, por elas próprias, de seus conhecimentos. Enfim, existe uma forte indicação para que o educador desenvolva atividades multidisciplinares e que trabalhe em equipe com seus alunos.

Tudo isso traz uma redefinição do ofício do educador, que pode ser visto como uma nova profissão e que coloca um problema de identidade do educador.

Resumindo: em todos os países ocidentais, o ofício de educador está em plena mudança. Tardif e Lessard afirmam (2000), que se trata de uma profissão que procura seu papel, seu valor e oscila entre mudança e tradição.

Apesar de tudo, os educadores não evoluem no ritmo que as reformas escolares e a literatura pedagógica gostariam de impor. Mas seria um engano atribuir intenções conservadoras a todos os educadores. Na realidade, eles, sobretudo os jovens, procuram maneiras de motivar os alunos por métodos ativos; como assinala a socióloga Agnès Van Zanten, os educadores de hoje querem adaptar suas práticas aos diferentes públicos escolares. Os jovens educadores, que são, eles próprios, produtos da massificação, utilizam estratégias pedagógicas que tentam adaptar-se às situações escolares com as quais se vêem confrontados. Em estabelecimentos considerados difíceis, por exemplo, os educadores utilizam estratégias de sobrevivência, nas quais o que perseguem é manter a ordem a qualquer preço, renunciando assim a melhorar o nível escolar. No entanto, esses educadores adaptam-se e não transformam o contexto geral em que estão inseridos. Eles praticam um ofício e não uma profissão, no sentido de que a profissão é vista como uma justaposição de ofícios diferentes. E até mesmo quando os educadores permanecem abertos para um trabalho coletivo, mantêm uma concepção individualista da prática educativa. Da mesma forma, eles não se recusam a abrir-se para uma mudança nas práticas, mas rejeitam referências comuns ao conjunto da profissão. Estes educadores estão atentos às necessidades individuais dos alunos e às suas diferenças, portanto, eles rejeitam a idéia de igualdade que consiste em dar a todos a mesma coisa.

Por isso rejeitam as ideologias gerais na construção de suas práticas profissionais e, ao mesmo tempo, reconhecem a necessidade de adquirir conhecimentos adaptados a cada situação escolar e a cada aluno em particular. Isso poderia parecer contraditório porque esses professores não conseguem transformar o contexto geral da escola, mas defendem regulações locais próprias a cada situação ou em cada estabelecimento. Na verdade, não há contradição porque esses profissionais não podem ou não querem imaginar que a solução para uma situação poderia aplicar-se a outras também. Cada situação é um caso particular que não chega a modificar o contexto educativo geral. Por isso, esses professores se interessam pelos alunos como indivíduos e pensam que é necessário dar a cada um a possibilidade de se expressar. Mas ao privilegiar o particular, que é importante, corre-se o risco de renunciar à função integradora da escola porque não se pensa mais em um modelo integrativo único. Porém, como já assinalamos, as formas de trabalho do educador em todos os países ocidentais são as mesmas, o que pode explicar a lenta evolução deste ofício.

EVOLUÇÃO DA CONCEPÇÃO DO PROFESSOR NA LITERATURA PEDAGÓGICA

Vejamos agora como se manifesta, na literatura pedagógica, a evolução da concepção do trabalho de educador.

Segundo Lessard e Tardif, o trabalho do educador passou por três etapas: na primeira, é visto como uma vocação e há uma insistência nas qualidades morais e no saber das diferentes disciplinas; na segunda, passa a ser um ofício, implicando saberes e técnicas apropriadas e, finalmente, na terceira, é descrito como a profissão que repousa na capacidade de juízo reflexivo de alto nível.

Faz alguns anos que o tema da formação de educadores se caracteriza pela insistência na profissionalização do ofício. Diferentes trabalhos mostram que este ofício se torna mais complexo e mais diversificado. A gestão da aula é mais difícil e exige diversas competências.

Isso tudo pode ser explicado: a massificação do sistema de ensino faz com que o público escolar seja mais heterogêneo e difícil; os saberes ensinados aumentam e engendram uma relativa incerteza com relação ao que vale a pena ser transmitido; as finalidades educativas multiplicam-se (instrução, educação, realização pessoal, cidadania e preparação do aluno para a sociedade de mercado). O educador é colocado à prova: a gestão cotidiana da aula, a manutenção da disciplina, o controle de si e dos próprios afetos, o equilíbrio da distância para com os alunos e os múltiplos papéis a serem assumidos. Mas ser um bom professor não consiste apenas em reunir um conjunto de competências, um conjunto de conhecimentos e habilidades profissionais, implica também a capacidade de empatia e de relação. Um bom professor é aquele que lembramos com um sentimento de prazer vinculado a uma relação que vai além das funções de aluno e educador, e que se apóia sobre uma ligação afetiva. Um professor ruim é aquele que associamos com as violências morais, verbais ou físicas que não se esquecem. A relação aluno/professor inscreve-se numa dimensão afetiva.

A concepção do aluno dentro da Escola Nova

A insistência na importância de focalizar no aluno e não na matéria que se ensina foi colocada em evidência por todos aqueles pedagogos que se assumiam como partidários da Escola Nova, nos anos 1920. O aluno não era visto, por estes pedagogos, como um receptáculo passivo, e sim como uma pessoa que constrói conhecimentos guiada por seus próprios interesses e necessidades. Trata-se de respeitar o aluno, de desenvolver sua personalidade, de estimular o espírito de criatividade e de formar seu caráter; além de possibilitar a abertura para interesses intelectuais, artísticos e sociais. Trata-se, também, de favorecer o espírito de cooperação e de preparar a criança para tornar-se cidadã, ou seja, dar a ela uma formação integral. Diferente da educação tradicional, que se ocupava em transmitir normas éticas e culturais, a Escola Nova sustenta que o aluno deve ser o protagonista da sua própria formação.

A profissionalização do educador

Notemos que tudo que foi dito pela Escola Nova sobre a formação da criança hoje é dito sobre a formação do educador, que deve ser, portanto, uma formação integral. O que nos leva a falar e insistir na profissionalização do ofício de educador. Esta profissionalização caminha junto com a idéia da valorização de um novo modelo de educador, que poderia ser caracterizado como aquele que exerce uma tarefa prática e que também reflete (ver Schön, 1994; Tardif e Lessard, 1999; Maroy, 2001). Esse modelo substitui, ao mesmo tempo, o do educador instruído e o do educador técnico. O primeiro modelo corresponde ao do educador que domina o saber das disciplinas que ensina, que trabalha individualmente e que exerce uma pedagogia do tipo transmissivo, referindo-se às prescrições formais provindas das autoridades escolares. O modelo do educador técnico corresponde àquele educador que possui e aplica um repertório de técnicas pedagógicas e de procedimentos precisos e eficazes derivados de estudos científicos. O modelo do prático-reflexivo é o de um educador que é capaz de se adaptar a todas as situações de ensino, por meio da análise das suas práticas e dos resultados que obtém. Esse educador sabe se perguntar qual é o sentido das ações que realiza, sabe se interrogar sobre suas próprias concepções, sobre o que faz e por que faz. É por essa capacidade de auto-análise que pode identificar seus êxitos e fracassos e assim ajustar suas ações. Esse educador não se satisfaz em reproduzir rotinas pedagógicas. Graças à auto-reflexão e aos problemas que surgem em situações bem definidas, é capaz também de navegar com facilidade entre a prática e a teoria; e, adotando uma atitude crítica e pragmática com relação ao saber teórico e às técnicas e ferramentas pedagógicas que aprendeu durante sua formação, o novo profissional pode pensar e se adaptar a diversas situações. Isso supõe um alto grau de autonomia. Trata-se de um educador ator e não executor. Esse novo educador deve ser especialista da aprendizagem e adotar uma pedagogia de tipo construtivista e diferenciada; em outras palavras: o educador, além de transmitir um saber, também ensina os seus alunos a serem atores de suas respectivas formações e, desta forma, consegue ajudá-los a se construírem como sujeitos.

Para praticar uma pedagogia diferenciada que responda às necessidades específicas de cada aluno, o educador não apenas deve dominar os conteúdos de ensino (saberes ligados às disciplinas que leciona), mas também deve ser capaz de "saber ensinar". Essa concepção do educador como especialista da aprendizagem caminha junto com a sua valorização da identidade que vai além dos conhecimentos ligados às suas próprias disciplinas, já que esse educador não deve apenas ensinar mas, também, deve ensinar a aprender.

Por último, esse novo profissional trabalhará em equipe e desenvolverá práticas institucionais, interessando-se pela gestão coletiva da vida do seu estabelecimento. Como vemos, as interações entre os atores são enfatizadas e o educador se torna um ser em relação com seus alunos, seus colegas, seus avaliadores, com o Ministério de Educação, as comissões curriculares, os investigadores universitários etc. Esse trabalho coletivo, que rompe com o isolamento no qual os educadores permanecem, implica práticas institucionais dentro da organização escolar, ou seja, trabalhar com a equipe pedagógica, classes cooperativas, conselhos etc., que, como já vimos, são essenciais para a gestão da disciplina.

O trabalho em equipe é uma ocasião para o educador confrontar suas próprias concepções com as dos seus colegas, para dialogar sobre o saber que ele construiu e, assim, para ser reconhecido como ator. Esse educador não apenas deve "saber", mas também "fazer saber". Tudo isso exige competências tais como: saber se comunicar, saber conduzir um grupo, saber escutar pontos de vista diferentes, saber negociar, saber elaborar proposições, saber fazer a gestão de projetos, realizá-los, ajustá-los e avaliá-los. Evidentemente, tudo isso exige um conhecimento da organização e do funcionamento da instituição escolar.

Podemos dizer que esse profissional deve formar-se num sistema integral de educação. É uma pessoa compromissada e se reconhece como um sujeito individual e coletivo que contrapõe sua prática social com o mundo atual e se interroga sobre as formas de poder, está em permanente transformação, valoriza as diferentes culturas, reflete sobre suas características e as toma como fonte de conhecimento, propõe tarefas, toma decisões, sabe negociar e constrói a interação social, experimenta e introduz elementos inovadores na sua prática educativa, investiga para desenvolver conhecimentos e fortalecer sua ação, sabe duvidar e questionar todas as coisas que funcionam como verdades absolutas, faz uso de recursos tecnológicos, impulsiona e gera climas de trabalho colaborativos e favoráveis à sua formação, desenvolve projetos, enfim, esse é o novo profissional de que a escola necessita, e, para produzi-lo, a maneira proposta é a sua formação pessoal, que se torna permanente.

Resumindo: o novo profissional passa por uma mudança tão profunda que transforma completamente a identidade do professor. A conseqüência desse modelo é que novas competências deverão ser desenvolvidas na formação de educadores. Assim, o novo profissional precisa ser um especialista da aprendizagem, ter uma prática reflexiva e manifestar capacidade de integração numa equipe e numa organização escolar.

Ser um especialista da aprendizagem supõe saber mobilizar conhecimentos em ciências humanas para interpretar, de maneira justa, as situações vividas em sala de aula e para se adaptar aos diferentes públicos escolares; implica dominar saberes disciplinares e interdisciplinares, dominar a didática da matéria, ter uma cultura geral para saber e poder despertar o interesse dos alunos, conceber dispositivos de ensino, testá-los e regulá-los; além de planificar, gerar e avaliar situações de aprendizagem.

A prática reflexiva supõe manter uma relação crítica e autônoma com o saber científico passado e futuro, ter um olhar reflexivo sobre sua própria prática de ensino e organizar sua formação contínua.

As competências que atestam uma capacidade de integração numa equipe e numa organização escolar supõem que se estabeleçam relações de colaboração efetivas com a instituição, colegas e pais; que se mantenha informado sobre qual é o papel do professor na instituição para exercer a profissão tal como está definida nos textos legais de referência; que desenvolva competências relacionais e trabalhe em conjunto dentro da escola.

O educador deverá, como profissional, reunir um conjunto de competências que o levem a elaborar conceitos e aplicá-los. O novo profissional deverá saber identificar um problema, apresentá-lo e encontrar uma solução. Esse modelo implica uma capacidade dinâmica para evoluir em função de situações e de contextos de ensino e, por isso, exige uma formação prolongada.

As características da prática profissional do ensino relacionam-se, ao mesmo tempo, com o saber teórico e com a investigação. A dificuldade em definir um modelo de ensino deve-se à importância da dimensão reflexiva do ato de ensinar, dimensão essencial que permite ao educador enfrentar as situações mutantes da prática de seu trabalho. Os três grandes problemas de uma prática reflexiva do ensino são: 1. enfrentar a complexidade de situações de ensino-aprendizagem; 2. afirmar a própria identidade profissional sabendo, ao mesmo tempo, adaptá-la aos diferentes contextos; 3. ter uma prática profissional coletiva.

Para transformar-se em profissional, o educador deverá construir e atualizar as competências necessárias para o exercício pessoal e coletivo da autonomia e da responsabilidade. A autonomia e a responsabilidade dependem da capacidade de refletir na ação e sobre sua ação. É por isso que a profissionalização do educador valoriza o modelo prático-reflexivo e não pode se obter essa condição sem haver, concomitantemente, uma mudança no funcionamento da instituição escolar. Por isso, mesmo mudando a grade curricular, defendendo a profissionalização do ensino, exigindo inovações pedagógicas, abrindo a escola para a comunidade etc., se os educadores continuarem isolados nas suas aulas, com os mesmos meios e as mesmas condições que antes, o seu ofício permanecerá evoluindo muito lentamente.

O PROFISSIONAL E A RELAÇÃO TEORIA/PRÁTICA

Piaget mencionava, como já vimos, a importância da investigação na formação de educadores porque, segundo este autor, só se aprende elaborando novas investigações, e não repetindo resultados conhecidos. Essa parte da formação coloca o problema da relação teoria/prática, porque toda profissão deve se apoiar sobre um conjunto de saberes teóricos para fundamentar suas ações.

Podemos dizer que a especificidade do modelo profissional do ensino reside na relação teoria/prática e na relação investigação/formação.

A intervenção profissional do educador realiza-se na realidade, mas é necessário sair desse contexto para haver um marco conceitual durável. Este ir e vir da prática para a teoria é uma característica importante do exercício reflexivo.

Como se aplica o saber teórico nas situações da prática do ensino? É evidente que existem diferentes perspectivas. Alguns pensam, por exemplo, que o modelo teórico é uma fonte de regras que dizem ao educador quais são as maneiras de atuar mais eficazes; outros afirmam que os modelos teóricos funcionam como esquemas de leitura de situações práticas que podem modificar a percepção do educador levando-o a inventar novos meios de intervenção. Mas sempre há uma diferença entre as proposições teóricas e as realidades da prática do educador. Poder-se-ia pensar que isso se deve à posição de superioridade que os modelos teóricos parecem ocupar. No entanto, a distância que aparece entre teoria e prática deve-se à complexidade de situações de ensino-aprendizagem reais, que exige do educador uma reconstrução, no contexto específico, das proposições conceituais. É por isso que a investigação e a ação profissional devem estar em constante diálogo, de tal forma que a investigação não seja "sobre" e sim "para" a educação. Portanto, os práticos, isto é, os educadores, deveriam se definir como investigadores da complexidade de situações de ensino-aprendizagem.

Na ação do educador podemos destacar as seguintes características:

- Apóia-se sobre um conjunto de conhecimentos especializados, alguns dos quais só podem constituir-se na prática;
- Deve satisfazer as necessidades dos alunos e dos pais;
- Deve enfrentar uma série de problemas complexos e ambíguos;
- Deve ter os gestos de um especialista, gestos adaptados a um contexto particular.

O filósofo e pedagogo norte-americano Schön propôs, em 1994, olhar para o ato profissional tal como se manifesta na prática e não a partir dos saberes que o caracterizam. Ele pensa que é necessário olhar para a ação do prático, do educador, para descobrir o saber que está por trás. Esta posição conduz a definir a experiência como o resultado de uma atividade cognitiva do sujeito, como uma construção e não como um conjunto de informações dadas à pessoa pelo mundo externo durante o transcurso do tempo. A experiência manifesta-se nas palavras e condutas do educador e é, portanto, acessível. A prática reflexiva do ensino supõe um ajuste constante dos dados contextuais que se apresentam ao educador na experiência concreta de situações de ensino-aprendizagem. O educador é, portanto, um aprendiz permanente.

Um modelo particular de professor

Schön explica que o "prático que reflete", conversando com as situações problemáticas nas quais intervém, interroga-se sobre "o que aconteceria se...?" E responde de três maneiras: através de uma exploração, ensaiando diferentes métodos; através de uma mudança deliberada na prática e orientando esta prática para uma finalidade;

ou através da verificação de hipóteses para ver qual dentre elas é a mais eficaz. O educador é, assim, um especialista da situação pedagógica, um profissional da interação e um administrador das condições de aprendizagem.

Seu papel não é o de comunicar seu saber, e sim o de guiar e acompanhar o aluno nas suas investigações, tentativas, atividades e iniciativas. O papel do educador é o de ajudar os alunos na definição dos problemas, na formulação das perguntas, na análise dos dados e na construção das respostas. Este educador adapta suas intervenções às necessidades de cada um e desenvolve uma pedagogia ajustada e baseada no diálogo que supõe trocas dialéticas entre educador-aluno e aluno-educador. Por ser um administrador das formas de aprendizagem, o educador suscita condições facilitadoras e coloca o aluno em situações que incitem e favoreçam sua atividade, sua procura, seu desenvolvimento de iniciativas próprias e que o levem a utilizar mecanismos cognitivos produtores de saber. Ele desenvolve, assim, uma pedagogia construtivista na qual o aluno constrói seu saber a partir de erros e êxitos. Uma pedagogia centrada no aluno supõe que se leve em consideração as suas representações e que a ação pedagógica se apóie no seu saber, além de identificar e definir as dificuldades e os obstáculos que devem ser superados e também escolher atividades, suportes, maneiras de agrupar, de orientar e prever uma avaliação formadora para reajustar a situação em função das interações encontradas.

Dessa maneira, o professor tentará ajudar o aluno a desenvolver sua capacidade de aprendizagem e a tomar consciência de suas próprias estratégias de aprendizagem.

Tudo isso nos leva a definir qual é o papel do professor. Piaget já havia dito que o educador deixa de ser um transmissor de saberes já elaborados para se transformar num mediador da tarefa construtiva do aluno. Para isso, estabelece problemas, leva em conta as idéias dos alunos, propõe atividades de aprendizagem a partir destas concepções, realiza intervenções adequadas de ajuda e promove a autonomia na procura de informação. Além do mais, o educador é o personagem-chave no que se refere ao desenvolvimento de interações positivas; portanto, ele desenha, em colaboração com toda a equipe educativa, uma estratégia que mostre aos alunos a necessidade de escutar, de dialogar, de ter tolerância, de enfrentar os conflitos, de reconhecer os erros e de conseguir progressivamente a independência de critério. Esse tipo de ensino gera um aluno que não se limita a tomar nota e repetir o que escutou, e sim que dialoga, procura informação, organiza sua tarefa, colabora com os outros, é ativo e autônomo. Com esse aluno, a aula transforma-se num espaço de investigação, debate e construção solidária e cooperativa. Nessa sala de aula não existem problemas de indisciplina.

A teoria de Piaget e a tomada de consciência

Se olharmos de perto para a teoria de Piaget, podemos dizer que é uma teoria interessante para todo educador. Interessante também para aquele que se dedica à formação de educadores. Por quê? Porque ela permite conhecer a lógica da criança e do adolescente, que é diferente da do adulto. Porque nos mostra que as crianças não apenas constroem o conhecimento, mas que, para construí-lo, partem de teorias e idéias sobre as coisas. Interessante, também, porque a noção de tomada de consciência é uma ferramenta que permite avançar no conhecimento.

A teoria de Piaget distingue as estruturas do funcionamento cognitivo e estas estruturas permitem diferenciar o estado do conhecimento de um sujeito num dado momento do desenvolvimento. São as estruturas que nos permitem diferenciar o pensamento da criança e do adulto. É o que dá descontinuidade ao desenvolvimento. Em troca, o funcionamento, que é o mesmo em todos os momentos, dá-lhe continuidade.

A hipótese que queria apresentar funda-se na continuidade do funcionamento cognitivo. Tanto o educador quanto a criança constroem teorias, aprendem e desenvolvem o conhecimento.

Um dos numerosos mecanismos funcionais descritos por Piaget é a tomada de consciência, que é uma verdadeira reconstrução (ou conceituação) que se elabora não no plano da ação, e sim no da representação. Dessa maneira, é a partir da reconstrução do que foi elaborado em outro nível, o nível da ação, que haverá conceituação. A conceituação sempre aparece com atraso em relação à conquista prática. Por outro lado, as deformações de observação e a aparição de conflitos entre esquemas presentes na tomada de consciência mostram o trabalho construtivo e a necessidade de coordenação que vão além de um simples reflexo do que acontece no plano da ação.

A hipótese é que, da mesma maneira que a tomada de consciência na criança permite compreender a razão do sucesso de uma ação, o mecanismo da tomada de consciência no educador lhe permitiria entender a lógica da sua prática através da percepção da própria ação, da confrontação com outros e de um diálogo argumentado. É exatamente o mesmo processo que ocorre com o tema da disciplina, tanto do ponto de vista do aluno quanto do ponto de vista do professor.

Piaget estuda a relação entre ação e conceituação nos dois livros: *A tomada de consciência*, no qual estuda as situações práticas nas quais o êxito é precoce, já que supõem regulações automáticas, e *Fazer e compreender*, no qual analisa casos de êxito mais tardio, que supõem para os sujeitos a elaboração progressiva de novos meios para atingir a meta. Ambos os livros foram publicados em 1974.

Piaget comenta que se pode acertar na ação sem saber por quê, isto é, que haveria um conhecimento da ação que não tem correspondência com a conceituação. O que desencadeia a tomada de consciência é que as regulações automáticas da ação já não mais são suficientes, ou porque o sujeito se propõe a atingir um novo objetivo ou porque intenta encontrar novos meios de maneira deliberada. Em qualquer caso, a tomada de consciência vai dos aspectos periféricos da ação (saber a meta que se quer atingir e constatar o resultado da ação, sucesso ou fracasso) ao centro (reconhecer os meios empregados para atingir a meta, saber a razão da escolha etc.). Isso explica por que as desadaptações se produzem na periferia da ação (constatação do fracasso), origem da tomada de consciência. A partir daqui, a tomada de consciência adota duas direções correlativas: a primeira (a interiorização) dirige-se à conceituação dos mecanismos internos da ação (meios empregados, aspectos das coordenações como a reciprocidade, a transitividade, a coordenação de relações espaciais etc.); a segunda (exteriorização) dirige-se à conceituação das propriedades intrínsecas dos objetos (mecanismos não diretamente observáveis, relações causais etc.) e não apenas àquelas que são resultado direto da aplicação das ações (sucesso, fracasso). Isso reflete o caráter dialético do conhecimento na perspectiva interacionista de Piaget. O conhecimento parte da interação. Por isso, pode ser considerado como um aprofundamento progressivo dos mecanismos internos das ações do sujeito e das propriedades internas do objeto.

Por tomar consciência da sua própria prática, o educador poderá compreender, ao mesmo tempo, sua própria ação e aprofundar a natureza do objeto da sua própria prática, isto é, o aluno (interação professor/aluno). Vemos como a tomada de consciência poderia ser utilizada para entender as diferentes ações que os educadores realizam, sem saber muitas vezes por quê. Isso demanda constatar o resultado do que se queria fazer, pensar o que se fez e por que se fez. Exige, ainda, a presença do outro que pergunta, questiona, explica e analisa.

O professor construtivista parte das idéias das crianças para propor situações de aprendizagem. Da mesma maneira, para entender o que o educador fez, temos que partir das idéias que eles têm sobre suas próprias maneiras de fazer e é a partir daí e de um diálogo argumentado que novas conceituações poderão ser elaboradas.

Segundo o sociólogo Perrenoud, é difícil medir o caráter repetitivo de nossas ações e reações, mais complicado ainda é perceber os efeitos negativos da maneira reiterada com que ignoramos, aterrorizamos ou ridicularizamos um aluno, criamos tendências e impedimos que as crianças reflitam sozinhas quando nos antecipamos às suas perguntas etc.

A tomada de consciência exige um trabalho que só é possível com tempo, com um método e medições apropriadas (vídeos, textos escritos e entrevistas de explicitação). Essa tentativa pode, inclusive, fracassar porque se choca com poderosos mecanismos de defesa ao refletir sobre sua própria ação. Se já é difícil questionar a parte de nós mesmos que conhecemos, mais difícil ainda é interrogar os nossos próprios esquemas inconscientes.

O ser humano pode improvisar diante de situações inéditas e aprender com a experiência a comportar-se de maneira mais eficaz quando surgem situações semelhantes. A prática pedagógica é uma intervenção singular numa situação complexa que nunca se reproduz de forma idêntica. Por isso, se a experiência não é elaborada, questionada e colocada em palavras, ela nada ensinará. Não há prática reflexiva completa sem diálogo com o inconsciente e sem tomada de consciência.

Como explica Piaget, a tomada de consciência acontece sob pressão do fracasso e dos obstáculos encontrados pelo sujeito quando ele procura atingir objetivos que o motivam. A causa dessa conduta é, principalmente, extrínseca ao sujeito e é suscitada pelo desejo de um maior controle, porém, a tomada de consciência apresenta o risco da desorganização da ação, ou seja, o que era uma simples ação automática pode tornar-se mais difícil quando se deve fazer com consciência.

Uma investigadora que trabalhou sobre a ação de engatinhar, fez uma pesquisa com intelectuais, físicos, matemáticos, lógicos e biólogos que freqüentavam o centro de epistemologia genética e pediu para que eles engatinhassem e depois explicassem verbalmente como tinham feito. Nem todos conseguiram dar respostas corretas, sobretudo os lógicos e matemáticos; eles sabiam engatinhar, mas não sabiam explicar. Depois, tentavam engatinhar de acordo com o que diziam fazer.

Um método de análise da atividade baseado na tomada de consciência e proposto por Trébert, em seu trabalho sobre formação de educadores, é o da autoconfrontação cruzada. Parte-se da idéia de que descrever a própria prática é complexo, mas que, em situação de explicitação, a consciência pode se revelar. Assim, a interação social do sujeito com o meio tem um papel importante na tomada de consciência da própria atividade e, conseqüentemente, na possibilidade de atuar sobre si próprio e sobre as situações. Esse método utiliza o suporte do vídeo e consiste num dispositivo que permite observar a distância entre o que o sujeito, em confronto com suas imagens, vê e pensa em relação à visão de um outro observador das mesmas imagens. A tomada de consciência nasce dessa confrontação.

O fato de colocar em palavras a ação e o sentido da ação produz um efeito sobre o outro e sobre o próprio sujeito que abre novos espaços de desenvolvimento. Esse método permite o processo auto-reflexivo necessário para a mudança e a identificação das controvérsias da profissão de educador. Num primeiro momento, constrói-se o grupo de análise no qual os participantes determinam as seqüências de atividade que serão filmadas. Esta seqüência, em geral, relaciona-se com uma problemática passível de controvérsia, na qual o sujeito não concorda com os outros. Por exemplo, maneiras de receber os pais, de organizar o espaço de brincadeiras livres, de dizer não a uma criança, o começo e o final de uma lição, a administração de um debate na aula e a administração entre um espaço-tempo e outro. Num segundo momento, filma-se cada pessoa do grupo e realiza-se uma autoconfrontação simples entre a imagem, o sujeito e um formador. Quer dizer, o sujeito comenta as imagens da sua atividade. Neste caso, o formador conduz a entrevista. O participante, ao ver-se na tela, diz o que faz e o que poderia ou não fazer. O formador, que tenta compreender, orienta uma verbalização da atividade que foi realizada. Depois, reúnem-se os participantes (ou aquele que foi filmado e o grupo). Cada uma das pessoas aciona o controle do vídeo e comenta as imagens do seu colega. Esta é a autoconfrontação cruzada, na que o formador observa as interações entre dois ou vários sujeitos. Nesta situação de verbalização e visualização da controvérsia, os participantes efetuam um ciclo entre o que fazem (o fazer), o que dizem a propósito do que fazem (o dizer sobre o fazer) e o que fazem com o que dizem (o fazer sobre o dizer). O educador tem a chance de tomar consciência do estilo das suas ações e adquire o poder de ver melhor o que acontece na vida cotidiana para poder transformar a atividade profissional. Quando os participantes retornam à ação efetuada, eles mostram ao formador o que têm feito, o que poderiam ter feito, o que deveria ser feito, o que tem de se fazer novamente e o que fizeram sem querer. Esta reflexão é fundamental e vai além da avaliação de competências sobre situações observáveis. Num terceiro momento, identificam-se as diferentes tomadas de consciência no plano coletivo.

O risco do educador tem a ver com as descobertas que ele pode fazer a propósito de si mesmo. Na profissão do educador não se trata apenas de dominar o processo de ensino-aprendizagem mas, também, de entender o sentimento de poder, de crueldade, de paciência, de preocupação por si e pelo outro, de relação com o saber e muitas outras coisas que a tomada de consciência pode perturbar. Por isso, é importante que se desenvolva uma postura reflexiva quando a resistência à realidade não é suficiente para provocar a tomada de consciência. Essa postura supõe a vontade de cumprir com sua missão e um alto nível de auto-exigência, ou seja, a necessidade de compreender e ir além daquilo que impede o sucesso. Dessa maneira, a noção de profissionalismo passa por um esforço para a tomada de consciência sobre o modo como se enfrentam os obstáculos. Mas a tomada de consciência e o trabalho sobre o *habitus* supõem uma relação particular com a vida, o gosto de arriscar, a procura de si mesmo etc.

Mas por que assumir todo o trabalho e os riscos associados à tomada de consciência? Sobretudo, para poder exercer um poder sobre o próprio *habitus*, discipliná-lo, reforçá-lo e transformá-lo. Para quê? Por exemplo, para se tornar menos impulsivo, angustiado e egocêntrico ou, então, mais descentrado, imaginativo, reflexivo etc. Se nada pode mudar na nossa maneira de ser e de fazer, para que pensar? Para que revelar mecanismos inconscientes que deveremos assumir? O desejo de mudar nasce da decepção e do descontentamento com o que se fez. A pessoa quer que sua prática (repetição de atos semelhantes em situações análogas) evolua. Quando a repetição persiste, apesar das boas resoluções e das tentativas de mudar, chega-se à conclusão de que essa atitude é produto de esquemas que escapam à consciência. É então que o trabalho sobre o *habitus* se torna pertinente. Enfim, pensar sobre a distância que há entre o que se faz e o que se quer fazer é uma reflexão sobre si mesmo e isso corresponde à atividade de tomada de consciência e de transformação do *habitus*.

Esse trabalho pode levar a uma mudança que é resultante de um trabalho reflexivo sobre as próprias maneiras de fazer. Para o educador, isso é uma forma de agir com afetividade na sua relação com o saber, na sua maneira de falar, nos seus preconceitos e rejeições, nas suas competências e atitudes etc. Tais transformações na prática podem levar a uma mudança na identidade. Uma pessoa que opta pela mudança tem que fazer um esforço individual para renegociar contratos e costumes que regem as relações com os outros.

Como analisar as práticas

O trabalho em grupo é o contexto mais adequado para esse exercício. O intercâmbio das práticas pode suscitar hipóteses, relatos, perguntas que nunca nos fizemos e pode provocar uma reflexão que nunca teria tido lugar de outra forma.

É preciso pensar sobre os dispositivos mais adequados que possam ajudar nessa tarefa. Mas, previamente, é necessário ressaltar o reconhecimento de um inconsciente prático na esfera profissional e o interesse em ampliar a prática reflexiva nesste sentido.

Perrenoud propôs alguns exemplos para mostrar a relativa opacidade do que está por trás quando se analisam as práticas.

Primeiro exemplo: um educador descreve sua irritação em relação a um aluno que não o olha nos olhos quando fala com ele. O educador julga que o aluno é falso.

A discussão em grupo de análise de práticas coloca que essa atitude pode ser explicada pela cultura familiar e do entorno do aluno, na qual olhar para um adulto nos olhos é falta de respeito; outro participante acrescenta que poderia se tratar de uma característica psicótica.

Dessa discussão surgem, assim, pontos de vista diferentes, o conhecimento aumenta e proporciona um quadro interpretativo possível. Isso permite suspender o juízo moral ("é um falso") e reler a conduta do aluno com outros olhos. A discussão pode levar o educador a tomar consciência da importância que ele dá ao controle do outro, por meio do olhar. Trabalha-se, desta maneira, com atitudes e relações de poder que condicionam a atividade do educador. Toda essa análise produz novas representações de si mesmo.

Segundo exemplo: um educador reconhece quanto lhe custa afastar-se do plano de aula que tinha previsto antes de trabalhar com os alunos. Essa tomada de consciência favorece o surgimento de um procedimento mental deliberado em dois momentos do trabalho, ou seja, quando prepara seu curso o educador deixará mais espaço para a improvisação, e no momento da atividade dará maior atenção para a inadequação do plano inicial. Aqui se trabalha com competências ou, melhor, com um certo número de esquemas que funcionam de maneira incorreta e que o sujeito pode neutralizar com formas deliberadas de controle. Trabalhar sobre este inconsciente prático exige, além do mais, a troca com os outros e ferramentas adequadas tais como a explicitação, a utilização de vídeo para provocar autoconfrontação etc.

A GESTÃO DA TURMA E A DISCIPLINA

A gestão da classe é parte do problema da disciplina. A conduta do professor na gestão da classe depende de uma dimensão social e de uma dimensão relacionada com o conteúdo do que se quer ensinar. Para estabelecer a disciplina durante o ensino de um conteúdo, os professores definem regras sociais que tentam negociar de forma flexível com os alunos. Levando em conta as regras e a flexibilidade, pesquisadores suíços, num projeto de investigação dirigido por Neuenschwander, imaginaram quatro tipos de gestão de classe:

- O tipo soberano, no qual há um equilíbrio entre regras e flexibilidade;

- O tipo regulamentado, que é pouco flexível;

- O tipo relacional, no qual há muita flexibilidade e poucas regras;

- O tipo desorganizado, no qual não há regras nem flexibilidade.

Esses pesquisadores mostraram que o primeiro tipo de gestão é o mais exigente para o professor, mas, ao mesmo tempo, é o mais eficaz, já que os alunos aprendem melhor e, além disso, avalia de forma positiva o ensino que eles recebem.

Em síntese

• A escola não pode transformar-se apenas porque os educadores refletem sobre suas práticas, pois eles não escapam ao contexto sócio-cultural que os formou.

• Os educadores precisam tomar distância crítica em relação as suas convicções. O comparatismo em educação pode contribuir à reflexão sobre novas possibilidades, favorecendo a emergência de soluções hoje impensáveis ou que nunca foram imaginadas.

• Saber o que se faz em outras escolas e em outros países e saber os resultados que são obtidos com essas ações deveria ser considerado um bem cultural que, uma vez compartilhado por um máximo de cidadãos, pode tornar-se o fermento para uma maneira mais adequada de pensar a transformação na escola.

• A transformação da escola é um problema compartilhado por múltiplos atores: educadores, pais, alunos, políticos, pedagogos e cidadãos.

• A formação do professor é essencial. Ele não deve ser uma pessoa distante e ameaçadora nem ter medo de tratar seus alunos como adultos. Ao contrário, esse profissional deve atuar como mediador ao estabelecer técnicas democráticas de solução de conflitos para chegar ao consenso de normas de convivência, inclusive dando entrada aos pais para aumentar o senso de integração. A indisciplina supõe a existência de conflito e o problema é saber negociar as regras para que se possa conviver de maneira mais produtiva. Nessa situação, os alunos chegam a respeitar a pontualidade, respeitar companheiros e professores levantando a mão antes de falar e não interrompendo o professor. Por seu lado, o professor aceita explicar mais devagar até que a maioria dos alunos entenda os conteúdos mínimos, ele escuta e consulta seus alunos para não tomar decisões autoritárias.

• O ofício do professor é um campo privilegiado de aprendizagem e pesquisa de novas possibilidades de atuação profissional. Por isso, a aula deveria ser considerada um laboratório. Não é que o aluno não se encaixe naquilo que o professor oferece, o professor é que não age de maneira adequada às possibilidades do aluno. Para isso, é necessário inventar e "reinventar" os métodos, os conteúdos e a relação professor/aluno.

• Para pensar esses problemas, o professor precisa ser competente, mas também é necessária a experiência do prazer de realizar sua profissão.

CONCLUSÃO: POR UMA ESCOLA DEMOCRÁTICA

Para enfrentar o problema da disciplina é necessária uma mudança na educação em seus diferentes níveis: o aluno, o professor, os pais, a comunidade e a política. Essa tarefa não é fácil porque, no campo educativo, tudo parece avançar muito devagar. Não é raro escutar que a educação deve fazer da criança um adulto como aqueles que existem na sociedade da qual ela faz parte. Parece incrível que ainda se questione se a escola deve servir para reproduzir as condições de existência da sociedade ou se ela deve dar a força aos futuros cidadãos para que eles compreendam o mundo e participem da sua transformação.

Tentei, ao longo deste pequeno livro, transmitir outro ponto de vista, que é também o do grande psicólogo suíço Jean Piaget. Para este autor, a educação consiste em produzir crianças criadoras, inventoras, inovadoras e não crianças conformistas e obedientes. Esta conclusão não é fruto de um capricho e sim o resultado de mais de cinqüenta anos de investigação. Piaget mostra o papel ativo e construtivo do sujeito no ato do conhecimento. O sujeito constrói o conhecimento e não registra passivamente as propriedades do objeto.

Como o professor representa o centro do funcionamento escolar, sua participação é indispensável. Não é por casualidade que se fala tanto, num mundo em transformação, da formação de professores.

Se sua função não muda, como esperar mudanças no plano educacional? Os teóricos da Escola Nova, Piaget, Dewey e Cousinet já haviam enunciado, no começo do século xx, formas diferentes de ensinar e de aprender. Eles propuseram métodos que implicavam uma reformulação da concepção de escola. Houve experiências e até escolas que os seguiram, mas, no geral, a escola funcionou e funciona muitas vezes de maneira tradicional. Se a escola muda pouco, podemos dizer que, na atualidade, foi o contexto que mudou, as crianças que mudaram e a sociedade que se transformou. O público escolar é diferente. Como conseqüência dessas transformações um problema importante ganha destaque na escola, a indisciplina. O problema não é novo, mas sua magnitude aumentou e, em muitos casos, pode gerar violência.

O professor faz o que pode para acalmar sua turma, porém, a tarefa é difícil demais e o ruído, em todos os sentidos do termo, invade a classe. Quase não é possível diferenciar quando é a hora do recreio e quando se está ensinando e aprendendo.

Não é estranho que existam problemas de indisciplina. Como já vimos, as causas são múltiplas e localizam-se em diferentes planos. Não apenas a sociedade e as crianças mudaram, mas a escola recebe um público vindo de diferentes culturas. Como as normas e as regras diferem de uma cultura para a outra e apenas alguns alunos conhecem as normas do professor e como os alunos não compartilham das mesmas regras entre si seria um milagre se não houvesse conflitos na aula. Já é difícil encontrar referências numa sociedade que perde seus valores; se os valores se misturam de maneira indiscriminada, como evitar os problemas de indisciplina?

Que pode fazer a escola? Que deve fazer o professor?

Entender quais são as regras comuns que vinculam uns aos outros é um primeiro passo. Sabemos que as crianças podem ser interlocutoras intelectuais do adulto. Uma criança não é um receptáculo vazio que deve ser preenchido com tudo que provém do meio, ao contrario, é fonte de conhecimento, pode gerar conhecimento e criar os instrumentos do seu próprio conhecimento. A educação, por meio do professor, acompanha e estimula os alunos nessa procura de criatividade. Nesse contexto, a discussão e o diálogo na escola são ferramentas fundamentais não apenas para a construção do conhecimento, mas, também, para a socialização e, conseqüentemente, para o estabelecimento da disciplina.

A discussão incita a criatividade e a confrontação de pontos de vista diferentes. Graças a ela, a criança vai construir sua autonomia intelectual e social. Não há discussão sem linguagem e sem interação social. A linguagem é, assim, uma forma de comunicação e não apenas um instrumento que permite a incorporação do mundo externo. A discussão é, portanto, um elemento importante de toda pedagogia que pretenda desenvolver o pensamento das crianças e levá-las para a cidadania e a democracia. Dessa forma, pode-se expressar as idéias num espaço coletivo e público no qual se admite o pluralismo.

Como surge a discussão? Através da confrontação com as coisas e com os outros, produzindo uma troca de pontos de vista. Sem discussão, o espírito permaneceria num estado de conformismo total ou num autismo sem conexão com a realidade. Os indivíduos estariam num estado de tranqüilidade próximo ao de um aniquilamento da consciência e da reflexão. Por isso, podemos dizer que mesmo os conceitos adquiridos pela civilização não representam nada se não forem construídos e reconstruídos pela pessoa. Como dizia o poeta Goethe, aquilo que foi herdado dos pais precisa ser conquistado para ser conhecido. E isso é possível graças à discussão. A disciplina, da qual tanto falamos nestas páginas, é também importante na discussão, ou seja, sem regras, a discussão não pode acontecer. Do ponto de vista do desenvolvimento, a criança é egocêntrica no começo e não pode compreender o outro nem cooperar com o outro. O egocentrismo é um fato primitivo, anterior à constituição de regras e que, inclusive, representa um obstáculo para sua elaboração. A lógica do adulto é um conjunto de regras que governam o pensamento e que exigem verificação. Num estado egocêntrico, o sujeito se preocupa em satisfazer seus próprios desejos. Para chegar à objetividade, a criança deve aprender a discutir e compartilhar pensamentos. A vida social vai permitir o desenvolvimento da linguagem, das regras morais, lógicas e jurídicas.

A função do professor não é fácil porque tanto o conhecimento quanto a disciplina na aula devem ser construídos por um sujeito que é ativo. Sua tarefa é a de saber escolher e criar situações nas quais o aluno aprenda a partir da sua própria experiência. Por seu lado, o aluno aprende a ser cada vez mais autônomo e a dominar cada vez melhor as situações. Isso significa que, progressivamente, a autoridade do professor é depositada no grupo e a classe se transforma num ambiente democrático no qual todos podem participar. A aula já não é o lugar onde o professor exige, decide e o aluno obedece. O professor cria situações estimulantes e incita os alunos a resolvê-las. O professor ajuda, dá conselhos, acompanha, trabalha junto e faz tudo para que eles sejam os personagens mais importantes da classe.

A disciplina e a indisciplina são inerentes à escola. O professor atua na construção das ferramentas que permitam pensar, refletir e analisar todos os aspectos deste tema que preocupa não apenas o professor, mas também o aluno.

Se a classe é um caos, não se pode ensinar nem aprender. Para que, então, ir à escola? Perante um problema real ou imaginário de indisciplina, as crianças podem pensar, procurar soluções, compará-las, cotejar as opiniões de uns com as de outros, avaliar as diferentes soluções e se pôr de acordo em torno da melhor solução. A experiência praticada ajudará as crianças a conviver da melhor maneira. É um dever da escola promover essas competências sociais. Saber conviver, colaborar e compartilhar experiências e idéias uns com os outros é uma preparação para a vida democrática e, ao mesmo tempo, permite uma boa inserção na aula e no mundo social. A cidadania é, então, um produto da educação. É necessário ter a garantia da vida democrática para conseguir o aprendizado da cidadania. E não podemos aprender a democracia se não aprendermos a discutir. Quer dizer, como já mostramos, é necessário aprender as regras que permitam a discussão e, também, o pensamento em conjunto. Pensar juntos implica pedir à criança que utilize procedimentos do pensamento adulto. Os adultos são mediadores, criticam, trazem elementos, examinam os precedentes e imaginam alternativas. Além do mais, o espírito crítico deve ser favorecido porque também é garantia de democracia.

Para tudo isso, os alunos devem ser tratados com respeito, e esse tema também deve ser discutido na sala de aula. Eles podem pensar sobre a necessidade de estabelecer regras, de respeitá-las e de ter o poder de aplicar sanções, elaboradas por eles, no caso de não-cumprimento dessas regras. Assim, os alunos entram num processo de responsabilização progressiva. Por isso, é necessário que o aluno aprenda a desenvolver a capacidade de se pôr na perspectiva do outro. E o aprendizado da discussão, do diálogo e da argumentação é essencial para essa tarefa.

A solidariedade é também fundamental, porque ela intervém como um elemento de coerência democrática. Quando se pede a uma criança ou a um grupo de crianças para formular de novo o argumento dado por uma delas, a reformulação do argumento permite chegar a um acordo. As crianças podem, por meio desta argumentação, favorecer a compreensão pessoal e do grupo. A solidariedade manifesta-se pelo fato de as crianças perceberem que o grupo não é um obstáculo à compreensão, ao contrário, o grupo permite um enriquecimento pessoal.

Além do mais, sabendo que os conflitos são inevitáveis em toda relação intersubjetiva, é necessário trabalhar a partir do conflito, discuti-lo, resolvê-lo pela negociação ou pelo abandono de um dos pontos de vista em conflito e aceitação do outro. O conflito cognitivo, que provoca a diversidade de pontos de vista entre iguais, permite que os alunos se interroguem, duvidem, problematizem a realidade, proponham soluções, critiquem as alternativas sugeridas e identifiquem os critérios para encontrar a solução mais coerente. O professor pode insistir na perspectiva de um enriquecimento mútuo que proporciona a troca de visões diferentes entre as crianças. Assim, pode criar situações que exijam da criança a relativização da própria opinião. Por exemplo: colocar a criança perante uma situação desconfortável, na qual duas opiniões são parcialmente verdadeiras e falsas, segundo o ponto de vista. A educação vai levar a criança a pensar por si mesma e a posicionar-se em relação aos outros, permanecendo, ao mesmo tempo, aberta às diversas opiniões.

Quer dizer, um conflito não se resolve pela imposição de uma conduta, mas pela compreensão da significação que comporta. Assim, os alunos constroem-se como pessoas e tornam-se autônomos. A interação das crianças entre si, a partir de situações significativas para elas, permitirá a cada uma a sua própria construção. Assim, dão-se as condições para que a democracia funcione e a investigação científica possa ser feita. A democracia não é apenas um espaço no qual se confrontam mecanismos econômicos e políticos; ela também supõe a intersubjetividade e o diálogo argumentado. Toda democracia apóia-se no fato de um encontro de pessoas que constroem juntas ou aceitam uma base comum. Com seu método, o professor leva as crianças a elaborar marcos referenciais. A conduta democrática supõe valores tais como a coerência ética, o espírito crítico, o rigor argumentativo, a colaboração solidária e a crítica construtiva. Esses diferentes valores supõem tanto uma atitude democrática quanto uma atitude filosófica que permitirá a construção da identidade de cada indivíduo neste mundo onde a globalização provoca a ruptura de marcos referenciais constitutivos da identidade individual e social.

A construção de normas feitas em conjunto entre crianças e professor é a condição para se conviver na aula. Essas normas deveriam permitir, tanto ao professor quanto ao aluno, administrar e resolver diferentes problemas de comportamento. Na realidade, a construção de normas em conjunto favorece a criação de um clima de cidadania e a escola torna-se, ao mesmo tempo, um lugar de ensino para a criança e uma preparação para a vida adulta. Quando se trata os alunos como responsáveis na comunidade escolar, isso contribui na formação desses alunos para que sejam responsáveis na comunidade de adultos. E isso pode começar muito cedo no desenvolvimento. É preciso evitar, porém, que as crianças decidam tudo o que se relaciona com a vida escolar. Trata-se de responsabilizar a criança, mas isso não significa que o professor deixa de ter responsabilidades.

Para ser respeitado é preciso respeitar os outros; para desenvolver o espírito crítico deve-se aceitar ser criticado. Educar para a democracia supõe que as escolas se transformem em lugares de vida onde predomine a atitude democrática. Mas a democracia não deve ser imposta, e sim reinventada e praticada pelas crianças.

A cidadania moderna, específica dos sistemas democráticos, é, ao mesmo tempo, política (porque participa do poder), jurídica (porque obedece às leis do país), ética (porque dá prioridade ao interesse coletivo) e afetiva (porque supõe o convívio). Resumindo: a participação no poder, as leis justas, a defesa do interesse geral e o desejo de convivência caracterizam a cidadania democrática.

Do ponto de vista da educação, todas essas dimensões devem ser consideradas. Por exemplo: a participação no poder. O sistema escolar pretende educar as crianças para a cidadania, mas, ao mesmo tempo, impede que elas participem das decisões. Sabemos que toda conduta se aprende por meio do exercício e com a cidadania isso não é diferente: ela é aprendida na prática. Trata-se, então, de inventar um sistema que não retire a responsabilidade dos adultos e que dê responsabilidades às crianças.

A dimensão jurídica é importante na escola, onde, geralmente, não existe nenhuma instância de mediação. Dessa forma, por exemplo, um aluno não pode se queixar da conduta violenta dos outros. Nesse sentido, seria pertinente criar uma instância de arbitragem e de conciliação na escola. Com relação à dimensão ética, a escola pretende, do ponto de vista teórico, abrir-se ao outro: outras línguas, outras culturas, outras religiões, outras concepções de mundo etc. Porém, não existe uma reflexão relativa a esta abertura quando se trata de temas que tanto alunos quanto professores vivem diariamente, como a questão da indisciplina. Além do mais, freqüentemente persistem reflexões sexistas e discriminatórias. Esses problemas cotidianos vividos pelas crianças merecem ser tratados na aula. A dimensão afetiva também deve ser pensada na escola porque, se ela não for considerada um lugar de vida para os alunos, as condutas anti-sociais e antidemocráticas e, conseqüentemente, a indisciplina, podem aparecer.

Enfim, digamos que uma criança não é inferior ao adulto, o que justificaria o autoritarismo ou a conduta paternalista, nem igual ao adulto, o que conduziria a negar todo tipo de intervenção. Como educar para a cidadania? Como conjugar o exercício da cidadania, que supõe a presença do adulto, com o fato de ser um aluno que está se escolarizando, ou seja, um indivíduo menor que não sabe ainda fazer aquilo que se quer ensinar a ele? Criança e adulto são diferentes. Quando se está educando uma criança, ela não pode se considerar como um cidadão. Por outro lado, um adulto pode continuar a aprender, mas não a ser educado. Um adulto, diferentemente da criança, decide o que quer aprender e, além do mais, é o adulto que escolhe, por meio dos representantes, as leis da cidade.

A política exige uma fronteira entre a criança e o adulto; entre o domínio educativo, que supõe uma certa submissão a uma tutela, e o domínio cidadão, que consiste no exercício da liberdade. Por isso, é impossível que as crianças decidam sobre o mundo ou que os adultos sejam privados de liberdade. A educação não pode considerar a criança como um cidadão autônomo, já que essa autonomia deve ser construída. Os adultos cidadãos não podem ser tratados como crianças. Do ponto de vista político e jurídico é importante separar criança e adulto. Mas educar é quebrar a assimetria adulto/criança e é com o diálogo que isso se consegue. Do ponto de vista da educação, estabelecer uma fronteira entre a criança e o adulto impede que se entenda como é feita a passagem da criança ao adulto. As crianças precisam de tempo para crescer e aprender. O professor não deve esquecer que a liberdade é a finalidade da educação, mas que a criança é um indivíduo em formação. Assim, pode-se articular, ao mesmo tempo, formação e emancipação, formação e autonomia. Trata-se de ajudar a criança a crescer sem deixar de lado a autoridade do adulto e sem deixar de lado o desejo de fazer da criança um sujeito autônomo. A criança e o adulto têm lógicas diferentes, mas o adulto não permanece impermeável à lógica da criança. Conseqüentemente, o professor, adulto, pode comunicar e ajudar a criança a tornar-se um adulto. Como o professor vai conseguir isso? Não pela negação da criança, como fazia a escola tradicional que não conhecia a particularidade infantil; tampouco pela negação da diferença entre adulto e criança, como pretendem alguns pedagogos e psicólogos; mas tratando a criança, em alguns aspectos, como se fosse um adulto ao permitir a cooperação, a discussão e a troca.

A cidadania implica também considerar, ao mesmo tempo, o indivíduo e o grupo, a autonomia e a cooperação. É necessário um aprendizado intelectual e afetivo para saber utilizar a liberdade de cidadão e um aprendizado cooperativo para saber considerar o ponto de vista do outro. Um cidadão deve, também, intervir pessoalmente na esfera pública para defender seu ponto de vista, deliberar com os outros, opor-se etc. Assim, além do aprendizado da autonomia e da cooperação, haveria um aprendizado da participação. Por isso é interessante considerar uma dimensão política.

Mas isso implica sair dos limites da aula. Esse aprendizado supõe, ao mesmo tempo, saber argumentar e poder tomar decisões concretas. Uma forma de aprender a participação é o conselho de cooperação que pode ser feito na aula ou fora dela. A criança e o professor organizariam em conjunto a aula, o tempo, o espaço, o trabalho, as responsabilidades, os projetos etc. Por isso, é preciso saber discutir em grupo. E o que se aprende quando há discussão em grupo? Aprende-se a analisar, organizar, antecipar, decidir e encontrar soluções. O pensamento e a socialização vão juntos e a escola é o lugar adequado para isso. Mas existe uma tendência a esquecer a organização da vida em comum. Por quê? Porque a escola está preocupada com outro objetivo que é o desenvolvimento pessoal do aluno. Porém, o pluralismo e a tolerância definem a eleição de princípios e valores da vida em comum. Por isso, é fundamental ir além do dualismo indivíduo/sociedade para que a construção da identidade individual e coletiva, assim como a construção do saber, se relacione, ao mesmo tempo, com a individuação e com a socialização.

A complexidade do problema da indisciplina, que faz parte da complexidade do fato educativo, necessita de um olhar interdisciplinar para ser entendida. Poder haver, ao mesmo tempo, aspectos institucionais, sócio-culturais, políticos etc.

Precisamos mudar a perspectiva. Devemos considerar e partir das idéias espontâneas das crianças, conhecer os caminhos espontâneos do pensamento. O trabalho em equipe e o *self government* são métodos dos quais se fala desde o final de século xix, mas que ainda não deram lugar a muita pesquisa. Pensar em conjunto é imprescindível e isto supõe utilizar procedimentos adultos que existem e se constroem na criança: colaborar, discutir, organizar, criticar e argumentar. Trabalhar em conjunto ajuda a todos.

Outro problema do conceito de indisciplina está associado com a visão que os professores têm da criança. Espera-se tudo dela: atenção, disponibilidade e obediência, ou seja, qualidades que têm a ver mais com um ensino tradicional, e, ao mesmo tempo, qualidades de autogestão, organização e autonomia. Nessa concepção misturam-se dois níveis: o da criança atual, com qualidades necessárias para adaptar-se a uma coletividade, e o do ser já acabado, futuro adulto que deve se formar de um ponto de vista ideal. Essas idéias deveriam ser discutidas entre os professores. A discussão entre professores é tão necessária quanto a discussão entre (e com) as crianças.

Talvez seja importante pensar a ordem disciplinar como uma ordem político-pedagógica que permita tanto aos alunos quanto aos docentes, diretores e funcionários tomar a palavra, o que supõe, ao mesmo tempo, falar, formular um pensamento, escutar e dialogar com os outros. Ou seja, participar de uma conversação numa sociedade democrática e plural, mesmo quando a harmonia não é possível. Os professores poderão transformar a educação a partir de múltiplos debates, da renovação das instituições educacionais e da formação permanente, que deve ser vista como uma necessidade absoluta porque permite uma nova aproximação cooperativa. A aula é o lugar em que as diferentes facetas da comunicação podem ser exploradas. A palavra para aprender, para dizer e para decidir.

É necessário desenvolver uma lógica cooperativa entre as crianças quando estão em conjunto e entre as crianças e os adultos. O primeiro problema que se apresenta é o de aprender a escutar. Aquele que sabe escutar o outro será capaz de transformar sua própria palavra num ato de comunicação. Saber escutar é um ato de respeito e de tolerância que permite o debate democrático que só acontece quando há disciplina. Por isso, uma das conseqüências dessa forma de ver a educação seria o fim da indisciplina.

Porém, outras hipóteses atuais foram formuladas para explicar a indisciplina:

- "O aluno manifesta muita falta de respeito. A escola atual tornou-se permissiva demais se comparada com o rigor da educação de antes."
- "As crianças de hoje não têm limites, não reconhecem a autoridade, não respeitam as regras. A responsabilidade desta situação é dos pais, que se tornaram permissivos demais." Segundo essa hipótese, um déficit moral explicaria a indisciplina. Se observarmos as brincadeiras das crianças, no entanto, podemos constatar que elas sabem muito bem o que são as regras de funcionamento de um grupo e, conseqüentemente, não carecem de limites.

- "O aluno é indisciplinado porque não tem interesse na aula, já que ela não é tão atraente quanto a televisão." Uma possível solução seria, então, utilizar a TV em sala de aula. O problema é que se a função primordial dos meios de comunicação é a informação, a função primordial da escola é a reapropriação do conhecimento. Seria necessário, então, repensar, em função da escola, a utilização desses meios de comunicação. Usá-los para pensar, explicar, concordar, fazer relações, inventar outros programas etc., e não para transmitir conhecimentos.

Essas três hipóteses não podem ser sustentadas porque, primeiro, se apóiam em pseudo-conceitos e em evidências equivocadas; segundo, porque se faz da indisciplina um problema individual do aluno, quando, na realidade, o ato indisciplinado revela algo sobre as relações institucionais-escolares atuais; e, terceiro, porque as três hipóteses não consideram a aula, nem as relações professor-aluno, nem os problemas estritamente pedagógicos.

O erro dessas três hipóteses é o de considerar a disciplina como um pré-requisito da ação pedagógica, quando, na realidade, a disciplina escolar é um dos produtos ou efeitos do trabalho cotidiano na aula. É interessante lembrar que um mesmo aluno indisciplinado com um professor não é indisciplinado com outro. A indisciplina depende então de circunstâncias particulares que deveriam ser estudadas e analisadas.

Em fins de 2007, no mesmo momento em que concluo este livro, os jornais de Genebra abordam a indisciplina e a maneira de resolver este problema. O aluno que perturba não pode ser recebido na aula. Inventam, então, maneiras de solucionar essa questão o mais rapidamente possível. Inventam? Na realidade, voltam aos dispositivos disciplinares antigos: retirar o aluno, isolá-lo e deixá-lo incomunicável.

O nome desse dispositivo é alterado, torna-se mais refinado. Por exemplo: fala-se em classes de substituição, quer dizer, um lugar especial para receber essas crianças que molestam as aulas. Essas classes costumam abrigar quatro ou cinco alunos. Um psicólogo e/ou um professor com experiência devem trabalhar com eles para enquadrá-los e estabelecer os limites que eles não têm. Retira-se, então, os alunos da classe comum para que eles sejam reintegrados posteriormente. Fala-se, também, na criança de internatos (ou enviá-la para o campo por uma temporada) para casos mais difíceis. Outro dispositivo é o de colocar crianças num box, caixinhas com uma parede de vidro; a idéia é que estejam separadas umas das outras e que, ao mesmo tempo, um especialista, muitas vezes um psicólogo, possa vigiá-las. No Canadá, esse dispositivo chama-se *Pass*, que significa passagem. O objetivo é que a criança que está nesse lugar possa tomar consciência das razões que a levaram para lá. Espera-se, então, do castigo e do isolamento, o milagre da toma-da de consciência, que solucionaria todo problema de indisciplina e, inclusive, de violência.

Como são justificados esses procedimentos?

Diz-se, por um lado, que a escola deve compensar a atitude dos pais que superprotegem ou, de maneira oposta, abandonam seus filhos. Frustradas, essas crianças respondem com indisciplina. Propõe-se, então, afastar a criança da sala de aula; mas é evidente que, se elas forem afastadas, ficarão ainda mais frustradas. Assim, poderíamos nos perguntar se esses dispositivos que afastam as crianças do ambiente no qual se encontram teriam a "virtude" de ensiná-las a ficarem mais frustradas. A resposta positiva mostra o absurdo do uso desses dispositivos.

Por outro lado, evoca-se a necessidade de garantir a segurança de crianças e professores. Fala-se na importância de eliminar, ainda que por pouco tempo, o aluno que perturba para que os outros possam trabalhar. A idéia é que todos esses dispositivos criariam as condições que permitiriam o ensino.

Todas essas soluções que, na realidade, se resumem em afastar a criança ou as crianças indisciplinadas podem até chegar a um resultado positivo, mas não necessariamente promovem a resolu-ção do problema. Ele é apenas afastado e negado. Por isso, não se trata de uma real solução. O resultado que se obtém, quando isso é possível, não é a conseqüência de uma reflexão, e sim do medo ao castigo. Então, o problema permanece latente, pronto a manifestar-se novamente a qualquer momento.

A reflexão demanda tempo, discussão e confronto de pontos de vista diferentes. Porém, como se teme a perda de tempo, prefere-se não correr o risco e a conseqüência é que as causas da indisciplina continuam presentes ainda que pareçam resolvidas.

É como se os especialistas da educação tivessem esquecido que crescer e se construir pessoalmente são processos que precisam de tempo. Esqueceram também que a reflexão se faz em conjunto e não entre os alunos indisciplinados e afastados.

Por tudo isso, repetimos que os programas de ensino, as práticas pedagógicas e a formação de professores deveriam ser reestruturados e repensados.

A indisciplina é um sintoma da má adaptação do sistema escolar às necessidades de cultura e de saber da sociedade atual. Com vontade, recursos e coragem política poderíamos solucionar muitos dos problemas que se colocam para a escola e para a sociedade em geral.

Referências bibliográficas

Ballion, R. *La démocratie au lycée*. Paris: esf, 1999.

Bandura, A. *L'apprentissage social*. Bruxelles: P. Mardaga, 1980.

Compayré, G. *La evolución intelectual y moral del niño*. Trad. Cast. Madrid: Jorro, 1920.

Cousinet, R. L'autorité du maître d'école. *L'Education Moderne*, pp. 303-16, 1910.

_____. *La vie sociale des enfants*. Paris: Les Ed. du Scarabée, 1959.

Crozier, M. Une nouvelle réflexion sur l'éducation. In: *Le maintien de la discipline à l'école:* Perspectives, *xxviii*, 4. Unesco, bie, 1998.

Defrance, B. Etre mieux en classe? Prefácio a *Mieux être en classe pour mieux travailler ensemble*. drdp, Académie de Amiens, 2003.

Dewey, J. *Democracia e educação*: introdução à filosofia da educação. 3. ed. Trad. Godofredo Rangel e Anísio Teixeira. São Paulo: Nacional, 1959.

_____. *L'école et l'enfant*. Neuchâtel; Paris: Delachaux et Niestlé, 1967.

De la Taille, Y. A indisciplina e o sentimento de vergonha. In: Aquino, J.G. (org.). *Indisciplina na escola*. São Paulo: Summus, 1996.

Durkheim, E. *L'éducation morale*. Paris: Presses Universitaires de France, 1963.

Estrela, M.T. *Autorité et discipline à l'école*. Paris: esf, 1994.

Furlán, A. Problèmes de discipline dans les écoles du Mexique: le silence de la pédagogie. *Perspectives, xxviii*, 4, 1998.

_____. Introduction. *Perspectives, xxviii*, 4, 1998.

García Correa, A. Un aula pacífica para una cultura de la paz. *Revista electrónica interuniversitaria de formación del profesorado*, 1, 1, 1998.

Garcia, S. e Poupeau, F. Violences à l'école, violence de l'école, *Le Monde Diplômatique*, 2000.

La Pontificia Academia de las Ciencias y La Pontificia Academia de las Ciencias Sociales. *Globalization and Education. Declaración*, 2005.

Legendre, R. *Dictionnaire actuel de l'éducation*. Montréal: Guerin, 1993.

Leleux, C. *Repenser l'éducation civique*. Paris: Ed. du Cerf, 2005.

142 Como enfrentar a indisciplina na escola

Lessard, C. e Tardif, M. Les transformations actuelles de l'enseignement: trois scénarios possibles dans l'évolution de la profesión enseignante. In: Tardif, M. e Lessard, C. *La profession d'enseignant aujourd'hui. Evolution, perspectives et enjeux internationaux.* Laval: Presses de l'Laval, 2004.

Levinson, B. *Perspectives, xxviii,* 4, 1998.

Macedo, L. O lugar dos erros nas leis ou nas regras. In: Piaget, Menin, Araújo, De La Taille, Macedo (org.). *Cinco estudos de educação moral.* São Paulo: Casa do Psicólogo, 1996.

Mantovani de Assis, O.Z. e Pileggi Vinha, T. O processo de resolução dos conflitos interpessoais na escola autocrática e democrática. *Revista da Faculdade Adventista da Bahia: formadores: vivências e estudos: educação em valores para a cidadania.* Cachoeira: v. 1, n. 1, pp. 63-80, 2004.

Maroy, C. Le modèle du praticien réflexif à l'épreuve de l'enquête. *Cahier de Recherche de Girsef,* 12, 2001.

Neuenschwander, M. Projet de recherche, 2005-06 In: *Information sur la recherche éducationnelle, centre Suisse de coordination pour la recherche en éducation:* brève description de la recherche. neuenschwander@jacobscenter.unizh.ch. 2005-6.

Ortega Ruiz, R. Indiscipline ou violence? Le problème des mauvais traitements entre elèves. *Perspectives, xxviii,* 4, 1998.

Parrat-Dayan, S. Piaget dans l'école libératrice: la dialectique de l'autre et du même. *Archives de Psychologie,* 62, pp. 171-92, 1994.

Perrenoud, P. H. *A prática reflexiva no ofício de professor:* profissionalização e razão pedagógica. Trad. Cláudia Schilling. Porto Alegre: Artmed, 2002.

Petinarakis, J-P.; Gentili, F. e Sénore, D. *La discipline est-elle à l'ordre du jour ?* Lyon: Centre Régional de Documentation Pédagogique de Lyon, 1997.

Piaget, J. L'esprit de solidarité chez l'enfant et la collaboration international. *Recueil Pédagogique* 2, 1, 1931.

_____. *Psicologia e pedagogia.* Trad. Dirceu Accioly Lindoso e Rosa Maria Ribeiro da Silva. 3. ed. Rio de Janeiro: Forense, 1975.

_____. *Fazer e compreender.* Trad. Cristina L. de P. Leite. São Paulo: Melhoramentos; Edusp, 1978.

_____. *O juízo moral na criança.* São Paulo: Summus, 1994.

Piaget, J.; Blanchet, A. et al. *A tomada de consciência.* Trad. Edson Braga de Souza. São Paulo: Melhoramentos; usp, 1978.

Prairat, E. *Questions de discipline à l'école et ailleurs....* Ramonville Saint-Agne: Eres, 2003.

Schön, D. A. *Le praticien réflexif. A la recherche du savoir caché dans l'agir professionnel.* Montréal: Les Editions Logiques, 1994.

Tardif, M. e Lessard, C. *Le travail enseignant au quotidien. Expérience, interactions humaines et dilemmes professionnels.* Bruxelles: De Boeck Université, 1999.

_____. *Le travail enseignant au quotidie.* Bruxelles: De Boeck, 2000.

Tozzi, M. *La discussion philosophique à l'école primaire.* Montpellier: crdp, 2002.

Trébert, D. *Clinique de l'activité et pouvoir d'agir en éducation préscolaire:* la méthode de l'autoconfrontation simple et croisée utilisée dans la formation d'éducatrices du jeune enfant (mémoire de licence, Genève), 2002.

Van Zanten, A. Jeunes profs: la fin des grands idéaux?. In: Fournier M. e Troger V., (coord.). Les mutations de l'école. Le regard des sociologues. Auxerre: Sciences Humaines, 2005.

A Autora

Silvia Parrat-Dayan é pesquisadora e colaboradora científica no Arquivos Jean Piaget, da Universidade de Genebra (Suíça). Obteve a licenciatura em Psicologia na Universidade de Buenos Aires (Argentina). Recebeu uma bolsa de estudos de pós-graduação da Confederação Suíça para fazer sua pós-graduação em três anos orientada por Jean Piaget na Universidade de Genebra. Doutorou-se em Psicologia Genética e Experimental na mesma instituição e foi colaboradora do Centro Internacional de Epistemologia Genética por muitos anos. Foi professora da Universidade de Genebra e professora suplente na Universidade de Nancy (França) e, ainda, professora visitante da Universidade de São Paulo (USP). É conferencista internacional.